「働く」ために必要なこと

就労不安定にならないために

品川裕香 Shinagawa Yuka

★——ちくまプリマー新書
196

目次 ＊ Contents

序章　未経験者が正社員になれるのは、基本的に新卒のときだけ

仕事に定着したいのにうまくいかない若者たち

今、この本を手にとっているあなたは高校生でしょうか。大学生でしょうか。

卒業したあとの五年後、十年後、いったい自分は何をやっているのだろうと考えてみたことはありますか？

あれば、「それ」を書いてください。

「それ」を実現するためには、何が必要だと考えていますか？

あなたはその、必要だと考えることをやっていますか？

まだやっていないなら、どうしたら実行できると思いますか？

なかにはこんな感じの人もいるかもしれません。
・目の前の受験に追われて忙しいのに、そんな先のことまで考える余裕なんかない。
・今が楽しければいい、先のことなどどうでもいい。

・考えるまでもなく働いている。正社員が理想的だけど、とにかくバイトか派遣かパートかわからないけれど何かして働いている。
・今、生きているだけでもしんどくて辛《つら》すぎる。明日どうなってるかすらわからない……。

私は二〇〇三年ごろから、「中学・高校や専門学校、大学等を卒業し、仕事に定着したいと思って努力しているのにうまくいかない」若い人たちをたくさん取材してきました。うまくいかない理由について、彼らはこんなことを言いました。

・やりたい仕事ではなかったから辞めた。
↓自分のやりたい仕事が見つからないから、まだ仕事に定着できない。
・やりがいのある仕事ではなかったから辞めた。
↓やりがいのある仕事が見つからないから、まだ仕事に定着できない。
・自分の能力を発揮できる職場ではなかったから辞めた。
↓自分の能力を発揮できる職場が見つからないから、まだ仕事に定着できない。
・上司や同僚との人間関係が良くなかったから辞めた。

↓自分のことをわかってくれる上司や同僚に出会えていないから、まだ仕事に定着できていない……。

もちろん、百人いたら百の背景があり、理由があります。そのことを踏まえたうえで、彼らにはいくつか共通することがあると気がつきました。

・働く気がないわけではないこと。
・適当にやっているからうまくいかない、というわけでもないこと。
・学歴の有無、障害の有無は関係ないこと。
・超難関大学を出ていても、あるいは歯科医や公認会計士、薬剤師などといった国家資格を持っていても、仕事に定着できない人がそれなりにいること。
・就職できた人でも、組織に適応できず辞めてしまうこと。だけど、なぜ自分が不適応を起こしてしまうのか、その理由については「相手（会社や上司）だけが悪い」と考えがちであること。
・不適応を起こしてしまう自分側の理由については気がついていないため、対策を講じられず同じ失敗を繰り返していること……。

フリーターやニートが正社員になるのはむずかしい

最初に、あまり知られていない現実についてお話ししておきます。

今、手元にリクルートワークスが二〇〇九年に行なった調査結果があります。それによると、新卒を採用の中心とする企業が全体の79・2％（一九九〇年の同調査では67・7％）もあり、中途採用が中心と答えた企業はわずか12・5％（一九九〇年の同調査では15・6％）しかありませんでした(1)。

実際、二十歳〜二十九歳で、フリーターから正社員になりたいと思って、実際になれた人がどれくらいいるかというと、男性では44・7％、女性ではわずか28・5％でした(2)。

一方でこんな現実もあります。

文部科学省や厚生労働省の調査によれば、二〇一二年四月一日時点で、就職を希望しているのに決まらないまま高校や大学を卒業した人は約4・8万人もいます。

対して、新規学卒者採用枠に応募可能な卒業後の経過期間は、一年以内という企業が31％、一〜二年以内という企業が26％、二〜三年以内という企業だと39％ですが、三年を超えると

4%にぐっと落ち込みます(3)。

それなのに、厚生労働省が毎年実施している『新規学校卒業就職者の就職離職状況調査』によると、二〇一二年には高卒で就職した人のうち三年以内に離職する人は全体の37・6%、大卒で就職した人のうち三年以内に離職する人は全体の30・0%もいるのです。多くは「考えていたような仕事ではなかった」とか「仕事が向いていない」などの理由から辞めるようです。

これらの調査結果が意味することは何かというと、

「仕事に定着したいなら、学校を卒業するときに正社員になり、その会社で四年以上働いて経験を積んでから離職転職を考えたほうがいい。就職しても仕事や会社が合わなければさっさと辞めて次を探せばいい、とか、いったんフリーターやニートになってやりたいことを見つけてから正社員になればいい、という方法は未経験者には現実的にはかなり無理があり、基本的にその後の就職は困難を極める」ということ。

新卒枠のタイムリミット三年の実態

そもそも、企業は三年未満で会社を辞めた人に「職業上の経験がある」とは見做《みな》しません。だからこそ、卒後三年以内なら〝新規学卒者採用枠〟に応募できる企業が39％もあり、それを知っているから三年以内に辞める人も多いのでしょう。

しかし、卒後四年の時点で、この枠は４％になってしまいます。だから卒後三年以内に仕事を辞めたのであれば、できるだけ早く次の職場を見つけないかぎり、正社員にはなりづらいのです。

裏を返せば、いったん就職したのであれば、四年以上は頑張ってその会社に居続けて職業上の経験を積みなさい、ということ。そのほうがまだ、中途採用の可能性があると言えます。「仕事や職場が合わない→三年以内に辞める→自分に合った新しい職場の発見／採用」は茨《いばら》の道、そうそう進めるものではありません。

残念ながら、こういった日本の労働市場の実態を理解している学生はまだまだ少ないのが現状です。だから、「とりあえずどこかに就職する」→「合わなければ辞めて次を探す」という行動をとり、辞めてからなかなかうまくいかない現実に直面して茫然《ぼうぜん》とするのです。

冒頭で尋ねた質問を思い出してください。

あなたはなんと答えましたか？

実はこの質問は、あなたの今の立ち位置を確認したものです。大事なことは、今いる場所を知り、そこからイメージした十年後に向かって、弾力を養い、人生行路を歩んでいくこと。

この本では、自分の将来の可能性を見すえ、自立した社会人になるために最低限知っておくべきこと、身につけておくべきことは何かについて、お話しします。

今日、将来が見えなくても、生きている意味がわからなくても、自分なんかどうでもいいと思っていても、大丈夫。焦ったり諦《あきら》めたりすることなどちっともありません。

註

（1）リクルートワークス「『新卒採用』の潮流と課題」（リクルートワークス研究所ＨＰ）
（2）労働政策研究・研修機構「第三回若者のワークスタイル調査」（二〇一二年）
（3）厚生労働省「労働経済動向調査」（二〇一一年八月）

第一章　「働く」がわからない

1　仕事に定着できない若者たちの言い分

社会人として活動できない大人にならないために、今のうちにできることは何か……。

そのことについて詳しくお話しする前に、まずは高校や専門学校、大学などを卒業した若者たちで、仕事に定着しようと努力を重ねるのに、なかなかうまくいかないという人たちについて、具体的に紹介しましょう。


【ケース1】

二十七歳男性。有名私立大学経済学部卒業。

上司の無能さに疲れて二年弱でメーカーを退職。

「やりがいのある、やりたい仕事を探しているが、全然見つからない」

「どうしてこうなっちゃったのかよくわからないんですよ。ホント、自分的にはこんなふうになるはずじゃ、全然なかったんで……」

有名私立大学経済学部を卒業後、メーカーに二年弱勤務して退職した熊谷健太さん（二十七歳・仮名）は、取材中、何度もつぶやくようにそう繰り返しました。身長は一八〇センチほど。高校時代に運動部だったこともあり、比較的筋肉質で陽に焼けた肌に大きく通る太い声が精悍《せいかん》さを醸《かも》し出しています。

熊谷さんは退職後、何社かで派遣社員として働きますが、いずれも長続きはしませんでした。正社員として雇ってくれる企業で希望に合うようなところもなかなか見つからず、現在もハローワークなどに通って仕事を探しています。

大きな悩みもなく、フツウに過ごせた小中高校そして大学

熊谷さんは関東のある地方都市出身。三人兄弟の末っ子で、勉強は小学校、中学校とよくでき、いつもトップクラスでした。

「子どものころのことは、あまりクリアに覚えていないのですが、勉強がわからなくて困ったとかみじめだったという記憶はありません。ただ、ちょっとしたケアレスミスが多かった

こと、それで親や先生に注意されたことなどはよくありました。運動もすごく苦手という意識はありませんでしたし、運動会などでもそれなりに活躍していたんじゃないかなあ。決して、ダメな子ども時代ではなかったと思います。自分で言うのもなんだけど、親や祖父母、親戚《しんせき》など大人たちは皆、僕のことを将来有望だと思っていたと思います」

そうして期待通り、地元の県立高校に進んだ熊谷さんは三年後、ＡＯ入試で東京の名門私立大学経済学部に入学しました。

「高校に入ってからはフツウだったと思います。部活が盛んな学校だったのでテニス部に入りました。でも、人生を部活にめちゃくちゃ注《そそ》いだかと聞かれたら、決してそうではなかったですね。朝練も合宿もまじめに参加しましたけど、始めてすぐに中学でテニスをやっていたヤツにはかなわないってわかってしまって。経験値が違うじゃないですか。それで正直、モティベーションは下がりました。といっても、途中で辞めるのは生活の乱れにつながるみたいに学校は思うらしく、内申的にもよくないという噂《うわさ》があったんで、三年の引退試合までは適当に続けました。

ただ僕が進学した高校は、県内で一番の進学校というわけでもなかったので、比較的勉強は楽で、テストではそれなりにいい成績がとれました。それでＡＯで大学を決めることができたと思っています。

大学時代は塾講師とかコンビニでバイトしながら、フツウに過ごしていました。勉強はそれほどしなかったけれど、単位を落としまくることもなく、仲間とつるんでいるうちに終わったって感じですね。印象に残るような何かをしたわけではないけれど、周りの学生もみんなそうだったので、自分もみんなと変わらないフツウの学生だと思っていました」

いろいろやって中堅のメーカーに就職、そして二年で退職

〝自分はフツウ〟と考えていた熊谷さんの就職活動は、ほかの学生たち同様、大学三年の夏にインターンシップに行くことからスタートします。自己分析診断をやったり職業適性検査を受けたりして、その後、エントリーシートを四十社以上書いて提出。OB訪問にも数えきれないくらい行ったそうです。

「企業説明会はもちろんですが、それ以外にも就活セミナーやら自己啓発系のセミナーやら、とにかくネットに書いてあるような活動はほとんどやりました。自己分析もいろいろなところでやり、企業分析も業界分析も何十社も行ない、最後は、とにかくジョブマッチングに失敗したらあとがないと思って必死でした。職業適性検査では営業がいちばん向いている仕事

だと毎回出ていたので、そうなのかなあとあまりピンとは来てなかったんですが、最初は商社を狙《ねら》っていました。でも、コネがない。うちは親も親戚もみな公務員なんですよ。だから自分で仕事を見つけなければならなかったんです。コネでなんとかするというヤツは周りに結構いたので、羨《うらや》ましかったですね（笑）。でもそういった苦労がどうにか実って、そここ知られた中堅メーカーから内定をもらいました」

こうして、熊谷さんは無事就職。試用期間を経て、法人営業部門に配属されました。

「最初は、先輩が抱えている得意先に一緒に回りました。朝は七時半には出社し、八時半には得意先に向かい、一八時過ぎにいったん帰社してから報告等をまとめました。合間に商品の資料を作ったり、提案型営業ということで企画を出せと上司に言われたり、週に三回は夜の接待もあったりするなど、家に帰るのが一二時過ぎることはしょっちゅうでした。そのうえ、土日も展示会に行ったり、勉強会に参加したり。接待もあったので、休みはほとんどありませんでした。営業と聞いた瞬間から、大変なのは覚悟していましたので苦痛には思いませんでした。

だけど参ったのが、先輩や上司が理不尽《りふじん》だったことです。たとえば、言われたとおりにこっちが動いていても、すぐ〝人の話を聞けよ！〟とボロクソに怒鳴《どな》られました。

でも、僕に言わせたら、先輩のほうが言うことがコロコロ変わって指示が一貫していない。ひたすら頭を下げるだけの古典的な営業が絶対だと思い込んでいるのもなんだかなあって感じで。卑屈な感じが苦手で、すぐにその先輩に嫌気がさしました。

それでも、せっかく入った会社という思いがあるので、ほかの先輩と組ませてもらえないか上司に相談してみました。でも、即決でノー。

そのうち夜は全然眠れなくなるし、食欲もめちゃ落ちるし。医者に行ったらウツだと言われました。一年半くらい経《た》つころには、このまま続けていたら身体が持たないと思うようになりました。それで長くいてもしょうがないと思い、次の就職先を決める前に辞表を出したんです。就職して二年弱だったらまだ新卒扱いになるので、焦って仕事を探さなくても大丈夫だと思ったのもありました」

そう一気に語ると、熊谷さんは「ふうー」と大きなため息をついたのでした。

少し前に、大学時代の友人二人が会社を辞めたことにも影響された、と熊谷さんは言います。彼らも次の職場を決めないまま会社を辞めたのですが、一人はすぐに別の業界に再就職し、もう一人は将来起業したいから資金を貯めると言って、宅配業者で働き始めていました。

「一緒に遊んでいた学生時代の仲間たちが、会社を辞めてからも楽しそうにやっていたことは大きかった。あいつらが大丈夫なんだから自分もイケるだろうと思っていました」

一年以上就活したがうまくいかず、〝とりあえず〟派遣社員に

離職後、旅行に行ったり映画を観たりするなどして三か月ほど過ごした後、熊谷さんは再就職のための活動を始めました。ネット上の転職サイトに登録し、大学のキャリアセンターにも足を運び、卒後二年でも新卒扱いで採用してくれる企業の説明会に積極的に参加しました。

「でも、なかなかうまくいかなくて……自分でもどうしてだかわかりませんでしたが、面接でいつもダメでしたね。学生のときよりも面接する人がかなり厳しい感じだったような気もしています。それでもなんとか一年ほど頑張ってみたのですが……。そのうち親の手前、働かないで家に居るのが辛《つら》くなり、〝とりあえず〟と考えて派遣社員になりました」

派遣された先はメーカーで、与えられた仕事はまたしても営業職。給料はがくんと下がったのに、やるべきこともそこにいた上司のタイプも辞めた会社とさほど変わらなかったことに、熊谷さんは「思いっきりがっかりした」と続けます。

「一年以上就活して成果が出ないのは、精神的にかなりヤバかったんです。前の会社よりも

条件がよくて、働いている人の雰囲気もいい会社に行きたいと考えていたんですが、そういうところは全く見つかりませんでした。

長い間、景気が悪いということもあるのでしょうけれど、履歴書の段階で落とされることは学生のときよりも断然多かったし、なんとか面接までたどり着けたとしても、質問内容などを考えると学生のときよりもアタリが厳しい感じでした。

でも、それも運が悪いだけかも、と思って、就活を続けていたのですが……。焦りが出てくると日々の生活のなかでも追い詰められるような気がしてきて、それでアルバイトよりはいいだろうと思い、派遣で働くことにしたんです。

ところが、派遣は派遣でかなりキツいんですよ。

最初に派遣されたメーカーでの営業職は前の会社よりも条件は悪かった。ここでもしょっちゅう指示が変わるし、言われたとおりにさっと行動しないと頭から怒鳴られるし、電話の伝達ミスとかコピーミスとかでもボロクソに貶《けな》される。正社員と同じか、下手をしたらそれ以上の仕事を要求されるのに、賃金は前の会社よりも低いのですからバカバカしくなってしまって……。

その次に派遣されたのは、同じ営業職でも業種が異なったのですが、こっちはノルマが厳しかった。派遣で、飛び込み営業をさせられ、名刺獲得・契約獲得のノルマが課せられると は思いませんでした。そういう噂は聞いたことはあったんですけれど、まさか自分が、とい う感じでした。そういうのも慣れればなんともなくなるのかもしれませんが、僕にはちょっ と無理だった。それでそこも七か月で辞めました。

その次に派遣されたのが運輸系。運輸系と言っても、僕は仕分けるほうで、これは本当に 腰に来ました。こちらは給料は悪くなかったのですが、シフト制で夜中に働かされることも あって……。これでは体を壊すと思いました。いや、本当にひどい労働環境でしたよ。同僚 もばたばた倒れるからシフトに穴があく。そこを埋めなければならないのに管理職が無能だ からちっとも効果的に人間を回せない。上司が使えないと本当に部下が困るというのを、身 をもって体験しました。

結局、派遣された企業はどこも労働者を使い捨てにする、いわゆるブラック企業だったと 思っています」

気がつくと卒後四年で、やりたい仕事はまだ見つからない

運輸系の派遣社員を半年ほどやったあと、熊谷さんは自分は派遣には向かないと結論づけ

て辞めるのですが、次にどうしたらいいのかわからなくなってしまいました。

「気がついたら、卒業してから四年以上になり、もう新卒扱いにならなくて……。それでもまめにハローワークに通い、転職サイトにも登録しているんですが、全然やりたい仕事が見つからないんです。これには本当に困っています」

熊谷さんが〝やりたい仕事が見つからない〟と繰り返すので、どういう仕事をやりたいのかと尋ねるとこんな答えが返ってきました。

「それがわからないから困っているんです（笑）。しいて言うなら、やりがいのある仕事ってことになるのかなあ。やりがいがあって自分も磨けるような仕事をしたいのですけれど、そういう仕事ってなかなかハローワークに行っても見つからないでしょう？　ハローワークの人に相談すると、福祉の仕事をしてはどうかとアドバイスしてくれますが、福祉業界って異常に給料が安いじゃないですか？　あれじゃあ人生設計ができませんよ（笑）。結婚なんか全然無理だろうし、結婚以前に生活ができないっすよ。待遇《たいぐう》を考えたら福祉など論外ですね」

今さら、と思いながらも熊谷さんは就活や転職の本も読みあさり、自己評価シートもいくつも書き、ジョブ・カード制度（正社員経験の少ない人などを対象に、正社員になることをめざした厚生労働省の制度）も利用して企業実習に行き、職業訓練校にも行きました。しかし、具体的な職業イメージはわかず、正社員として雇ってくれる企業も見つからなかったのです。

熊谷さんは、徐々に語気を強めながら思いを吐き出します。

「なぜうまくいかないのかがよくわからないんです。キャリアカウンセリングの人にも〝もっと自分を分析してみて〟〝もっと企業研究して自分に合った仕事を探さないと〟と言われましたが、自分ではそうしているつもりです。それでもうまくいかないんですよね。それにホント、〝やりがいのある、やりたい仕事〟を考えても具体的なイメージもわかないっていうか」

なんでこんな目に遭《あ》うのかわからない

「僕的には、企業に対して不満があります。マスコミとかでエラそうに言っていることと、現実が違いすぎる。たとえば、僕が最初に就職した会社も世間的なイメージは決して悪くないんです。でも、中に入ったら理不尽なことばかり。給料が安くて、先輩とか上司はこちらを育てようという気がないように思えました。僕が関わったのはそれなりに有名なメーカーとはいえ体質が古い。体育会系の年功序列好きな先輩たちには、僕みたいにイチイチ理由を聞いたり、もっとこうしたらどうかとより効率的なことを指摘する人間は、存在自体受け入れてもらえなかったと思っています。最後のほうは、会議でも露骨に無視されましたから。

でも、こんなの、グローバル化の時代、ありえない話だと思いませんか？　部下を理解して使いこなすのは上司の仕事でしょう？　それなのにゆとり教育の人間は使えないとかなんとか言って、自分たちの無能さを棚に上げることにムカつきます。どこに行ってもとにかく上の世代が無能、無理解、古臭い。こんなんだから、僕らの世代の失業率が高いんですよ。ホント、こんなふうになるはずじゃなかったのに。いろいろなことを考えると、怒りが噴き出してきて止まりません」

思い出したら怒りが止まらない。そう言って、熊谷さんは苦しそうに表情をゆがめ、誰《だれ》にぶつけていいかわからない怒りを表しました。

「僕はなにも悪いことしていないのに、なんでこんな目に遭うんですかね。コネがあれば変わったんでしょうか……」

ここ三か月くらいはガードマン、倉庫内の検品や仕分け作業などの単発バイトをやりながら、ハローワークや若者職業支援センターに通っているという熊谷さんが発するのは、深いため息と前の会社の人たちやキャリアカウンセラーたちへの恨《うら》み節《ぶし》でした。

「こんなことをしていても成果はまったく現れない。いったいどうしたら就職できるか、もはや見当もつきません。高校や大学時代の同級生の中には、すでに係長になって部下がいるヤツもいるのに、なんで自分だけこうなのか、誰に怒りをぶつけたらいいのか……」


【ケース2】

二十八歳女性。有名私立大学文学部卒業。

未就職のまま卒業し、現在の派遣先は五社め。

「言われたとおりに動けず失敗ばかり。自信が持てないのに仕事など見つかるはずない」


山下香織（二十八歳・仮名）さんは、まだ顔にあどけなさの残る、清潔感溢《あふ》れる女性です。同年代の多くの女性のように髪を染めるでもなく、つけまつ毛をしたりネイルをしたりすることもなく、化粧気はほとんどありません。服装もナチュラル系でコットン素材のベージュのチュニックに黒いスパッツをはき、足元はダークブラウンのコンフォートシューズ。都内の有名私立大学文学部を卒業しましたが、就職活動がうまくいかず、卒業するまでに内定をもらうことはできませんでした。

「スタートが遅かったとは思わないのですが、気がついたら周りはみんな内定をもらっているのに、私だけ何も決まらなくて……。あれは本当にみじめで、気持ちが落ち込みました。みんなに内定が出ているのに、自分だけリクルート姿で企業訪問しているというのは負け組が決定したみたいな気持ちになって、自己嫌悪でいっぱいでした。大学に入るまでは、それなりに勝ち組コースだと思っていたんですけれど」

同級生とはソリが合わなかった中高時代

関東地方出身の山下さんは、小学校は地元の公立学校に通いました。

「小学三年生から受験塾に通っていたので、そちらのことばかり記憶に残っています。学校が楽しいという記憶はほとんどありません。うちの両親、特に母は地元の子どもたちと仲良くなるのをすごく嫌がって、私に〝あんな家の子たちと仲良くなる必要はない〟といつも言っていました。私はそう言われるたびに嫌な気分になっていたのですが、母が怖くて逆らったことは一度もありません。そんな感じだったので、勉強はトップでも友だちはあまりいませんでした。ただ、子どものころから人付き合いは苦手だったので、それが特に悲しかったとか辛かったということもありませんでした」

中学高校はそれなりに名の知れた私立の中高一貫女子校に進学します。ただ、附属幼稚園から大学まであるその学校はもともと山下さんが選んだわけではなく、母親がなんとしてでも入れたがった学校だったそう。そういう理由もあってか、同級生たちとはソリが合わず、愛校心もあまり育たなかったと続けます。

「中高では、何をやるにしても同級生たちから除《の》け者にされました。班に分かれるときは毎回最後まで残ってしまうし、ペアになるときもいつも相手が見つからない。中一のときはそこまでひどくなかったのですが、クラスのリーダー的な女子と中二の一学期にどうでもいいことでぶつかってしまい、それ以降は卒業までずっとそんな感じでした。

文化祭の準備のときに約束の時間に行っても誰も来なかったとか、そこに私がいても透明人間のように無視されて平気で悪口を言われるとか。それがクラスから学年に、そのうち学校中に広まって、後輩からもバカにされたり……。

客観的に見ればいじめられていたわけですが、私にはみんなが幼いというかくだらないという気持ちが強かったので、あまり堪《こた》えませんでした。言い出したらキリがないし、なんかバカらしい。それで相手にしなかったのですが、相手にしないからますますやられるという構造でした。

先生たちも悪い人ではないと思うけれど、特に対策をとるわけではなかったし、なんていうかそういったいじめに対して対策をとる必要があると考える先生もいなかったので、私への陰湿といえば陰湿ないじめはそのまま放置されていました。もちろん、先生たちは気づいていましたよ。ただ、なかったことにしていただけで。あれ、こうやって説明すると、同級生より先生たちの無視のほうがタチが悪いですね。今、気がつきました（笑）」

気がつくといつも面接で落とされていた

そういった事情もあって、山下さんは一人のときはひたすら読書に励み、あとは勉強ばかりの中高生活を送っていました。

「おかげで別の大学に入学できました。ちゃんと受験しましたよ、推薦とかAO入試ではありません。でも、大学でもまた同級生たちと合わなくて、結局、授業に出るかバイトをするかの日々でした。大学生になっても母がごちゃごちゃ干渉してくるのが嫌だったのもあります。学生の本分は勉強だから、とか、不況だからこそ公務員試験を受けろとか。公務員試験が嫌なら弁護士とか公認会計士になれとか臨床心理士を目指せとか。

私は英文科だったので、外資系に就職したいと思っていたのですが、母に言わせたら〝いつクビになるかわからない外資系なんてもってのほか。そんな不安定な人生を送らせるためにこれまで頑張ってきたわけではない〟って。母からの攻撃は、その後もずっと続くんですが……」

そうこうしているうちに、大学三年になり就職活動が始まります。

外資系が第一希望の山下さんは、それが無理でも英語を使える環境で働きたいと考えていました。英語が使える仕事に絞ってエントリーシートを書き、企業訪問やOG訪問をしました。

「出だしは悪くなかったと思うのですが、気がつくといつも面接で落とされていました。外国人がよく泊まるホテルや、外国人がよく来るレストランでバイトをしていてそれなりに英語のコミュニケーション力には自信があったのですが……。確かに子どものころから対人関係は苦手ではありましたけれど、バイトではできていましたので、面接で落とされるたびに自信がどんどんなくなりました」

焦れば焦るほど、うまくいかない。

次の面接に進むたび、また落とされるんじゃないかという言葉にはならないような強烈な恐怖を感じ、眠れなくなってしまう……。

山下さんは就職予備校などにも通い、メイクの仕方から面接の受け答えの練習まで行なうのですが、結局は付け焼き刃で緊張感は増す一方でした。

「なぜ自分がダメかがわからない。だって落とされた理由は教えてくれませんから。毎回突っ込まれたのは志望動機ですが、確かに志望動機はうまく書けなかったのかもしれない。でも、どんな会社だって入ってみなければわからないし、学生が偉そうに書くのも変だと思っていたんです。よく学生時代に何をしてきたか、と言われますが、それがその会社にどう役に立つかなんて、その会社の本当の姿もわからないのに答えられるはずがない。そう考えるのはおかしいのでしょうか。答えに詰まると、いつも『うちの会社に本当に入りたいのか？企業研究したのか？』と面接官から突っ込まれました」

山下さんはこちらの目をじっと見つめながらしゃべり続けました。視線を外すことはなく、もしかしたら瞬《まばた》きもしていないのではないかと思うくらい、じいっとこちらを見つめて、淡々と当時を思い出すのでした。

派遣でうまくいかずウツになる

「結局、四年の二月まで頑張ってみたものの、内定はもらえませんでした。とにかく一刻も早く母のもとを出たかったので、最後は派遣でもなんでもいいやと思っていました。あと二年くらいなら新卒扱いだし、なんとかなるだろうと思っていたんですよね。母は〝派遣社員にするためにこれまで金をかけてきたわけじゃない〟と言って怒っていました。まあ、その通りなんでしょうけれど。

母のもとを去ることができたのは、精神的にはとてもよかったのですが、派遣社員で働き始めてから別の問題が出てきました。

上司に言われたとおりに動けないんです、私。何を言われたかすぐに忘れてしまうんです。ホテルやレストランのバイトでは、外国人になにか聞かれてもすぐに答えることができたので、自分がそんなことができないなんて思ったことはなかったのですが……。派遣の仕事はオペレーターだったのですが、電話の向こうでなにか言われてもメモをとっている間に、よくわからなくなってしまって……。

初めのころは緊張もあったと思うんですけれど、同期入社の子たちができるようになっても私はいつもお客様とトラブってしまって……。その都度、リーダーの人には、〝モノの言い方が横柄《おうへい》〟〝エラそう〟〝相手を小バカにしているのが電話で伝わるからもめる〟などと厳しいことを言われました。でも、そう叱《しか》られているときも、どこか遠い世界の話みたいな感じがして、リアルに受け止められなくて……それで精神科に行ったらウツだと診断されたんです」

山下さんは究極の選択をしなければならなくなりました。

ウツの治療をしながら一人で暮らし派遣社員として働くか、それとも母親のいる実家に戻って派遣社員として働くか、あるいは仕事は辞めて一人もしくは実家で当分治療に専念するか。実家といっても、同じ県内にありましたので派遣先に通うことは可能でした。

「私としては、母と一緒に暮らすことだけは選択肢にありませんでした。そんなことをするくらいなら死んだほうがましと思っていましたので、派遣会社に頼んでもうちょっと仕事的に楽で家からも近い派遣先を紹介してもらいました。

それからは工場での組み立ての仕事から配膳《はいぜん》の仕事までなんでもしました。工場での組み立ては細かい作業がへたくそだから不良品を出してしまって班長に怒鳴られる。配膳の仕事ではお客さんが注文したのとは別のモノをテーブルに届けて店長に怒られる。うっかりミスが本当に多くて自分でも情けなくなりました。飛び込み営業もやりました。これは勢いでなんとか乗り切った感じで、今までの中ではいちばんできたと思うのですが、過労で倒れてしまって。結局、どれも適性がないんです。偏差値の高い大学を出ていても、こんなにも私って使えないのかと落ち込みました」

そう言うと、山下さんの目から大粒の涙がぽろぽろとこぼれ落ちました。

なんで単純な仕事一つできないのかわからない

「最近は感情を抑えることもできないんです。恥ずかしいんですが、母が言っていたとおりやはり自分はダメな人間なんだなあとつくづく思います。派遣先にすごく重宝がられている人もいるのに、私はいつもお荷物で。でも、ハローワークに通う時間もないんです。だから、今はネット中心で就活しています。毎日、仕事を終えてクタクタになって帰ってきてから、ネットでよさげなところを探しては応募する日々です。

学生時代は英語を使える仕事に就きたいと思っていましたが、今はそんなことなんかどうでもよくて、とにかく正社員になりたい。それだけです。でも、なんで自分が単純な仕事一つできないのかがわからないんです。やる気がないわけでもないし、仕事をバカにしているつもりもないんです。派遣先の上司には〝派遣だと思って仕事をナメている〟と言われたりもしましたが、そんな気なんか毛頭《もうとう》ないのにいつも相手を怒らせてしまって……。

この間まで勤めていた貿易会社は、イマイチ作業効率が悪いんです。それでこうやったらもっとよくなると思って企画書を書いて出したら、〝余計なことをするな、そんなことを考える暇があったら日々の仕事をもっとちゃんとやれよ〟とみんなの前で叱責《しっせき》されました。作業効率が上がれば当然、利益向上にもつながるわけでしょう？　別にこうするべきだとエラそうに言ったつもりはないのですが、そういうモノを出すだけで本当に嫌われるのだと痛感しています。なにか、本当に自分は無価値な気がしています」

今は五社めの派遣先で働いている山下さんですが、明日どうなるかもわからない身分が不安で仕方がないと続けました。

「先日、別の会社の派遣仲間が派遣切りに遭いました。派遣切りの話は集まるといつもみなでしています。どこそこが最近よくないとか、どこそこは人遣いが荒いとか。一昨年、某大手電機メーカーの営業不振がマスコミでも話題になりましたが、あそこの人遣いの荒さ、工場で働く社員の態度のひどさなどは仲間内ではわりと知られていました。だからこそ、早く安定した正社員になりたいのですが、今のまま就職できたとしてもなぜこんなに失敗ばかりかわからないから、また同じことをやってしまうのではないかと思って……それが正直、怖いんです。

面接では、十年後はどういう仕事をしていたいかとよく聞かれます。しかし、一年後の自分の姿も想像できないのに十年後のことなんか語れるはずがありません」

　山下さんはどんどん声が小さくなり、言葉が続かなくなりました。

「結局、いい高校に行っていい大学に行っても、就職で躓《つまず》いたら元も子もない。自分がどこでボタンをかけ違えたのかって、大学を出てからずっと考えています。まじめに大学にも行きましたし、単位も取りましたし、論文もレポートもちゃんと出しました。バイトも一生懸命やった。それなのに、どうしてほかの人には内定が出て私には出なかったのか。派遣社員でやっていくと決めたときだって、手を抜いたりなんかしていないんです。どうしてこうなっちゃったんだろう。一人になると、このまま一生バイトみたいな仕事をして生きていくしかないのかもしれない……そんな妄想にとらわれる自分がいて、それもまた情けなくてみじめになる理由です」

　現在は、データ処理の仕事に従事している山下さんは、別れ際、自嘲気味《じちょうぎみ》にこう言いました。

「今度お会いするときは、厚生年金を払ってボーナスをもらう身分でいたいです。今のままじゃ、一生無理かもしれませんけれど」

【ケース3】

二十二歳男性。電子工学系専門学校卒。

無計画な会社の体質に呆《あき》れて一年未満で退職。

「やりたい仕事はあるが業界が向かない。対人関係が苦手で再就職試験は面接で全滅中」


二年前に電子工学系の専門学校を卒業した原田謙太さん（二十二歳・仮名）は、学校の斡《あっ》旋《せん》でIT系の企業に就職しました。しかし、一年も経たないうちに辞表を提出。半年ほどハローワークに通って就職先を探しましたが希望の仕事が見つからず、その後、親の勧めもあって週に三回、一八時から二四時まで居酒屋で皿洗いのアルバイトをしていました。でも、三か月前にそれも辞めてしまい、今はニートです。

よかったのは入社まで

長めの真っ黒な髪に、スカルがプリントされた黒いTシャツを着た原田さんは、待ち合わせの場所に着くなり、「アイスコーヒーください。シロップ抜きで」と言いました。

「運動は全然してないんで、ヤバいんすよ。やせて見えるかもしれませんが、ネットしながら食べるからお腹まわりはぷよぷよ、超メタボっす。でも、オレの周りはみんなそうなんすけど」

シャイなのか、原田さんは顔を背《そむ》けたまま、いきなりそんなことから話し始めました。

「高校のときは四年制の大学に進学しようと思っていたのですが、受験に失敗し、浪人する気もなかったので専門学校に入りました。専門学校の場合、卒業後も勉強を続けたかったら四年制の大学の三年に編入できると聞いていたので、まあ、いろいろ選択できていいかなって思って。でも、入学してすぐに四年制に進もうなんて気持ちはなくなりました。学校は楽しかったです。学校では電子工学の基礎から応用までの専門技術を学びました。

バイトは、一年めは飲食系でホールスタッフをしていましたが、怒られてばっかりで嫌な思いをしたので四か月で辞めて、そのあとは単発で荷物運びとか引越しの手伝いなどをやりました。でも、一緒に働く人たちの機嫌がいつも悪くて、オレが何をやっても怒鳴るんですよね。普通に話せないっていうか。なんであんなにキレてばかりなのかわからないけれど、マジ、ムカつきました。平気で人に当たりまくるんです。ファミレスのときも、オレがちょっと間違えただけでめちゃくちゃブチ切れる人ばっかだったし。そういうの、ホント勘弁《かんべん》ですよ。そのうち二年になり、実習も多くなったのでバイトする気はなくなって、学校と就活に専念し、寝る時間を削って趣味のネットゲームをやっていました」

原田さんが通っていたのは、就職支援に力を入れている専門学校でした。評判に違《たが》わず、講師が丁寧に就職指導をしてくれるだけでなく、早くから自己分析をし、エントリーシートの書き方、面接の受け答えの仕方などといったセミナーが開かれたそうです。ほかの学生同様、原田さんもそういったセミナーにはできるだけ参加して準備をしました。おかげで、比較的早い段階でＩＴ系の企業から内定をもらえました。

「自己分析で自分は開発とか技術系に向いているってわかったので、結構自信を持って就活できたのはよかったです。でも、よかったのは入社まで。入社してすぐに研修が始まり、一か月後には派遣エンジニアとして会社が契約しているお得意先の企業に派遣されました。自分的には、１００％未経験者なのにいきなり受注先企業に行かされるのに抵抗がありました。それが仕事だというのはわかっていたので、もちろん文句も言わず行きましたけれど。でも、そのストレスは本当に大きかったです」

新人にはもっと計画的に指導すべき

派遣された先にはすでに自社からのプロジェクトリーダーがいました。その上司の指示のもと、原田さんも新人プログラマーとして作業を始めました。

「そこでの仕事に慣れてきたと思った二か月後、人手が足りないからと別のお得意先に派遣されたんです。また一からいろいろと覚えなければならず、ストレスはどんどん大きくなっていきました。しかも、その三か月後にはまた最初の派遣先に戻されまして……。こんなことが続いているうちに、今度は会社の経営が厳しくなってきたという噂が社内を駆けめぐり、先輩たちが一人また一人と辞めていきました。それがちょうど、僕が就職して十か月くらい経ったときのことでした。このままじゃヤバいと思いましたけど、仕事はなんだかわけわからないし、毎日とても疲れるしで……辞めたいという気持ちは強くなってきたんですが、具体的な転職活動を始めるまでには至りませんでした」

ところが……。

年が明けた一月末、原田さんはまたしても別の会社に派遣されることになったのです。

「それで、オレ、会社で上司に〝やってらんねぇ！〟とキレて、机と椅子を蹴《け》とばして会議室を出てきちゃったんです。〝あ、やべぇ!!〟とは思いましたけど、あまりに無計画じゃないすか？　オレ、単なる会社の便利屋、使い捨てのコマなんすか？　こっちは新人でいろいろなことがわかっていないんだから、もうちょっと計画的に指導するべきでしょう？　確かに専門学校で基礎的なことは勉強してきましたけど、実際、働く現場って全然理屈通りじゃないじゃないですか。それを教えてくれるのが先輩とか上司ですよね。

それだけじゃなくて、毎回働く相手や指示系統が替わるのって、本当に嫌なんです。オレ的に耐えられないことって、一度決めたことがいつの間にか変わってしまうとか、規則正しくないとか、そういうだらしないことなんです。これは子どものころからそうで、そういうのってイラつくから、たとえばクラスの中でもそういうことが起こるとおかしいって指摘するんだけど、そうすると同級生たちはオレのほうが細かくてヘンといってバカにした。でも、妥協はしないから貫くとKYって言われて……。専門学校は自分以外にもKYなヤツばかりだったからオレでもOKでしたけれど、そういうのを就職した直後から求められるとは思いませんでしたね。

それから、ふだんは新人とかっていうくせに、仕事だけはめちゃくちゃやらせるってのも嫌でした。で、またほかの会社に行けって言われた瞬間に、もうほかの会社に派遣されたくないぞって思って、その場で辞めたんです」

思い出しただけで気分が悪いっす、と原田さんはとげとげしい声で言い、手に持っていたアイスコーヒーの入ったグラスをゴンとテーブルの上に置きました。

この業界はどこも同じと言われ、自分はもう無理だと思う

一年も経たないうちに辞めたので、原田さんには退職金は支払われませんでした。また、次につながるようなスキルもついておらず、コネもできていませんでした。それがかなり不利なことだと気がついたのは、ずいぶん経ってからのことです。

「スキルもコネもなければ、なかなか再就職は難しいんです。特に、この業界は即戦力だけが求められますから。最初から大手企業のSE部門みたいなところを狙えばよかったんでしょうけれど、後の祭りで。もちろん、卒後一年なわけですから、専門学校のほうにもどこかないか聞いてみたのですが……」

でも、疲れちゃったんですよねえ……。

そう言って、原田さんは黙り込み、氷が解けて薄くなったアイスコーヒーを飲みほしました。

「……ヤングハローワークもジョブカフェも行きましたが、だからといって自分がやりたいような仕事が見つかるわけではありませんでした。それである日、専門学校の就職指導の先生のところに行って、自分があの会社に向かなかった点とか納得できなかった点を言ったら、

この業界は全部そんな感じで、あの会社がとくにひどいわけじゃないって言われたんです。そんなこと言われたら、自分、もうどうしようもないじゃないですか。結局、ＩＴ系はどこも大差がなくて、正社員になっても、クライアントのところに派遣されるわけだし、しょっちゅう指示が変わるのもよくある、ってなったら自分はもう無理だなと……。今はそんな気分っすね。結論から言うと、専門学校に行った時点で自分は人生を間違えたんです。って言っても、いまさら、後戻りはできないし……。でも、やりたい仕事もないし、そもそも自分に何ができるかもわからないし……」

原田さんはこちらに聞こえるか聞こえないかくらいの小さな声で本音をもらしました。そしてすぐに、何事もなかったかのように語気を強めて職場への憤懣《ふんまん》を続けたのでした。

「だいたい、最近のＩＴ系もなんかイマイチかなあって思うんですよね。業界研究とか企業研究をもっとしろとアドバイスされますけど、やってもなんかピンとこないんすよ。自分は最初からＩＴと思っていたわけですけれど、そのＩＴ系企業の仕組みが合わないわけで、そうしたら企業研究も業界研究もないじゃないっすか。もうちょっとちゃんとした上司のいる会社なら違うと思いますけれど、そういうところって一流大学の人とかコネのある人しか相手にしないじゃないですか。じゃあどうしたらいいんだって感じで、最近はもう面倒になってしまって……」

とりあえず、アルバイトでいろんな業界を見てみるのはどう？　と聞いてみたところ、こういう答えが返ってきました。

「だから、バイトも怒鳴られるって言いましたよね、あれはもうカンベンです」

それで、「なぜ怒鳴られるのか、そこはどう考えているのか」と再度尋ねると、原田さんは面倒くさそうに続けました。

「だから、オレが一緒に仕事をする人っていつも機嫌が悪いんですよ、なぜか。なんか知らないけどいつもイライラして怒鳴ってばかりだし、オレのこと責めてばっかりだし。お前の指示が悪いからオレがミスるんだろ、あんたが計画性がないから仕事がうまくいかないんだろ、と上司にはっきり言って揉《も》めたことも一度や二度ではありません。ほんと、なんであいう人が上司になるのか、そこからして意味不明ですね。

バイト先でもすぐ怒鳴って人のことを見下すヤツばかりでしたよ。店長とかエラそうな肩書がついていたって、年齢とかオレよりちょっと上くらいだし、たまたま社員だから店長になっただけっていうヤツもいっぱいいました。それでも最初のころは、オレはバイトだし、と思ってガマンしていましたけれど、ガマンにも限界がありますよ（笑）」

オレらは政治や教育の被害者

激しい言葉を続ける原田さんですが、このままでいいと思っているわけでもないと言います。

「一生ニートでいられるほど、うちはリッチでもないんで。このまま仕事が見つからなかったら、ヤバいことはヤバいと思っているんです。

だけど、どうしたらいいかわからないんですよ。このあいだ、地元の若者就職支援センターに行って職業適性診断も受けました。でも、適性診断って意味がわからないっすよね。やったことありますか？　オレ、チェックリストみたいなのやって、医療系に向いているって言われたんです（笑）。医療系って今から大学に行きなおして医者になれってことか、と頭にきて聞き返したら、キャリアカウンセラーの人は『そういうわけではない』って言っていました。じゃあ、なんのための職業適性検査なんすかって聞いたら、すげえムッとされました。

オレが知りたいのは、どうやったらオレがやりたいような仕事に就けるかってことだけなんです。だからいろんなセミナーに行ったたし、自己分析もやったけれど、全然答えが見つからない。親が文句言ってくるまではニートでいるつもりですけれど、時間が経って世の中の景気がよくなったからといって就職できる保証もないし。なんかもう考えるのはウザいすね」

喫茶店を出て、駅に向かって歩き始めようとした原田さんは、別れ際に「あ、あと一言だけいいですか」と断って、こう言葉を紡ぎました。

「なんか、こうやって話せば気分が晴れるかと思ったけれど、全然ダメっすね。インタビューのせいではないけれど、話せば話すほどムカついてきました。オレが頑張ってもうまくいかないのって、全部上司が無能だとか、企業がちゃんとしていないとかそういうことでしょう？　オレの周りにも同じようなことを言うヤツはいっぱいいます。結局、オレらは政治や教育の被害者なんだと思います」


【ケース4】

三十歳男性。国立大学理学部大学院卒業。

対人関係に躓き、入社して三年半で退職。

「合わない仕事と職場のせいで新型ウツに。若者就労支援組織は就職にはつながらない」

待ち合わせ場所に二十五分ほど遅れて登場した佐藤貴志さん（三十歳・仮名）は、現役で国立大学の理学部に入り、大学院の修士課程を修了しました。一八〇センチは優に超える長身に筋肉があまりついていない細い身体、青白い顔をした佐藤さんは、背中を丸めつつ「すみません、すみません」と謝りながら喫茶店に入ってきました。

「時間を間違えていました。僕はよく待ち合わせ場所とか時間を間違えるので、今日は気をつけて早めに家を出たのですが、途中で逆方向の電車に乗ってしまって……。ご連絡を入れようにも連絡先を忘れてしまいました。すみません」

平身低頭に謝りながら、佐藤さんはよどみなく話し始めました。

「大学ではバイオをやっていて、それで修士まで出ました。大学院を出たからといってすごく就職が有利というわけではありません。教授が紹介してくれるところもあるのですが、だからといってうまくいくわけでもないんです。実際、研究職になれるのはほんの一握りですし、うちの研究室でも自分の専門業界で研究員になれたのは一人だけです。あとは、公務員とか一般の会社に就職していきました。僕は一応、バイオを扱う業界に採用されましたが、職種はかなり違います。

ウチの大学では修士一年のときから就活のセミナーなどを受け始めるんですが、就活に力を入れると実験している時間がなくなるんです。そうすると論文が書けなくなる。修士を取らずに就活するというのも本末転倒《ほんまつてんとう》なので、ここでみんな苦しみます。最初からドクターに行くことを考えている人は別でしょうけれど、結構、学部生のときに就職がなかったから院に来たという人も多いので。僕もその一人です」

エントリー八十社に落ち、大学院に

大学三年のころ、佐藤さんは就職活動を始めました。地方の国立大学で、同級生たちが進学か公務員を目指すなか、ＯＢ訪問をする佐藤さんは少し異質な存在だったようです。

「そのころから自己分析とか企業研究とか、わりと一生懸命やりました。今はもっとすごいことになっていますけれど。あの当時で、僕はインターンシップに三社行き、エントリーした企業は八十社です。ところが、一社も最終まで残らなかった。当時は焦りのほうが強く、なぜそんなに落とされたかよくわからなかったのですが、いずれにしても、このまま続けるより進学したほうがいいと考えて、途中から大学院入試のための勉強を始めました」

ゼミの担任が後押ししてくれたこともあり大学院に入った佐藤さん。ところが想像以上に大学院はしんどかったと言います。

「実験が多いのですが、おっちょこちょいなので、薬品を間違えたり実験器具を壊したりと失敗も多くて（笑）。その都度、教授には集中力がなさすぎると怒られました。自分では、好きなことならいくらでも集中できるのが自分のいい面だと思っていたので……。確かに学部生のときもミスは多かったのですが、あのころはここまで怒られなかったので、精神的にはちょっとキツかったです。ゼミでは飲み会も合宿も盛り上げ役で人望はそれなりにあったと思いますが、それと実験のミスは関係ないですもんね（笑）。

院に進学したからといって研究者になろうと思っていたわけではないので、さっさと学歴を活かして就職したいという気持ちが強かったです。

大学院に入ってすぐ、キャリアセンターからキャリア支援教育セミナーを開くという案内が届きました。それによると基礎から応用までいろいろな講座があって、問題解決力、自己管理力、対人関係力、コミュニケーション力、就職力、挑戦力など社会の中で自己実現できる力を養成するというプログラムでした。自己PRや自己分析の仕方、エントリーシートの書き方、業界研究、面接試験の練習、企画・プレゼンの練習にマナーや身だしなみ講座までありました。民間ではそういったセミナーはいろいろありましたが、大学がやるというのは当時としては進んでいたほうじゃないでしょうか、他校はよくわかりませんが。問題はセミナーに参加する時間をいかにしてひねり出すかということでした。いずれにせよ、そんなふうにあれこれやって卒業前に食品会社の内定をゲットしました」

希望した業界でもなければ研究職でもなかったのですが、院卒の学歴を使って就職できればいいと思っていた佐藤さんにとって、就職できたこと自体に飛び上がるほどの喜びを感じたと言います。

「学部のときにうまくいかなかったというみじめな記憶があったので、内定をもらったときは院進学という自分の選択は正しかったととても誇らしい気持ちになりました。笑っちゃうでしょうけれど、〝オレってマジすげえ！〟と本気で自分に惚《ほ》れ惚《ぼ》れしていました（笑）」

就職できたし、コミュニケーション能力には自信があった

実験であれこれと失敗したように、就職してからも失敗しないかなど、自分に対して多少の不安が脳裏をよぎることはありましたが、そういった面よりも期待のほうが佐藤さんの中では大きかったのでした。それに、佐藤さんは〝自分には強みもあると思っていた〟と続けます。

「最初は右も左もわからないまま、不安と希望で胸を膨らませながら毎日出社しました。た

だ、当時から、働くうえではコミュニケーション能力が大事だと言われていたんですが、僕はその点自信があったんですね。キャリアセミナーでやった自己分析や職業適性検査でも、僕は組織推進タイプで、コミュニケーション能力も高いからプロジェクトリーダーや経営企画、同じ営業でも企画力やプレゼン力が問われる法人営業に向いていると出ていました。実際、子どものころから対人関係能力が高かった記憶もあるんです。クラスでもまとめ役だし、サークルの中でもなにか問題が起こったら、みんな僕のところに相談に来る。だから、そういう面では自信があり、強みだと自覚していました」

佐藤さんは目の前のコーヒーを飲むことすら忘れて、次から次へと記憶が蘇《よみがえ》るまま話し続けました。

「ただ、人付き合いが多い分、面倒なことにも巻き込まれがちでした。中学生のころは〝ウインドアンドウエーブマン〟が省略されて〝マン〟って呼ばれていたくらいです。これ、波風を立てる男、です（笑）。僕が波風を立てるのではなく、周りが立てるのですが、結果的にはいつも僕がいるところに波風が立ってしまうのでついたあだ名でした。以来、ずっとそう呼ばれています」

佐藤さんは照れたように笑いながら、過去の〝波風エピソード〟について語ります。

「たとえば、学部時代のことなんですが、僕が実験の準備係で教授からいろいろと指示されていたんです。でも、そのときのいちばん肝心な試薬を間違えて用意してしまって、いざみんなで実験を開始したらフラスコがバリンと破裂してしまって（笑）。幸い、けが人は出なかったのですが、煙がモコモコ出て火災報知器が鳴り消防車が来るなど大騒ぎに。教授にも消防署の人にも学部事務局にも不注意すぎるとひどく叱責されました。でも、言い訳に聞こえるかもしれませんが、似たような名前の試薬はホント多いんですよ。こういった間違いをするのは僕だけではなかったんですが、僕のときはいつもフラスコが割れたり、煙が出たり、実験器具が壊れたりと、オオゴトになるんです（笑）。自分としては、これは生まれつきのことなので、しょうがないと諦《あきら》めています」

入社した食品会社では最初は全員工場勤務となりました。その後、営業を経験して各部署に配属されることになっていました。

「僕が派遣されたのは北関東にある工場だったんですが、ここで最初のトラブルが起こりました。僕らは派遣社員さんとかパート社員さんと一緒にラインに入ります。理系院卒は本来技術者なんですが、僕は技術者として採用されたわけではなく一般採用。だから、ある程度は仕方がないと思っていましたが、とにかく仕事に飽きてしまうんです。なんとか頑張ろうと思うのですが、高卒の同期入社の子ができることが僕にはできない。飽きてしまうと集中力が落ちるので、機械の扱いを間違えてしまってラインを止めたこともありました。ただ工場専門の採用というわけではないので、これは試験採用期間を乗り越えればなんとかなると思っていました。

その後、営業に配属され、先輩といっしょにいろいろな企業を回りました。このとき問われるのはコミュニケーション能力です。最初は先輩にくっついてペコペコしていましたが、一か月も経つと黙っているのは物足りなくなってきます。それで先輩が話した後に、僕も話をさせてもらったりしていました」

自分にもっと合った仕事があるはず

「最初のころはそれでよかったんですが、だんだん先輩と気まずくなっていきました。会議とかでも意見がないかと言われるので言うとムッとされる。自分としては他の人よりも科学的根拠のある話をしているつもりなのですが、それが〝態度がでかい〟というバッシングにつながってしまって。

ある日、会議中にほかの先輩が言い出したことがあまりに陳腐《ちんぷ》だったので、〝それも悪くはないが、もっと新しい視点でこうやってみてはどうか〟と僕なりのプランを提案したんです。それが決定的でした。先輩たちに煙たがられるようになって、嫌味とかも言われて……。

　自分はこんな仕事をやるために入社したわけではない。自分にはもっと合った仕事があるはずだ。そんな思いは日々強くなっていきました。それに比例するかのように、先輩たちとの関係がまずくなり、やがて仕事もちゃんと教えてくれなくなって……。そうすると、当然のことでしょうけれど、会社に行くのがどんどん苦痛になってきました。

　僕はいずれ研究職に異動できればいいと思って入社したのですが、制度はあっても実際にそういう人事交流はほとんどないということも、入社してしばらくしてわかったことです。そこに希望を持っていたので、これも僕にとっては大きなストレスでした。今度は潮が引くように会社への興味が失《う》せていきました。当初抱いていた誇らしい気持ちも、実際に働きだしてあっという間に消え失せてしまいました……」

　興味は失せるが、仕事は減らない。ストレスを強く感じるが、それもうまく処理できない……。

　この負のサイクルが、佐藤さんを追いつめていきました。

「そうこうしているうちに、入社三年めの春ごろには味がわからなくなり、聴覚も鈍くなっていつも耳鳴りがするようになりました。それで医者に行ったら新型のウツだと言われました。新型のウツってご存知ですか？　僕もよくわからなかったのですが、環境が原因なんだそうです。だからストレスのない環境だと結構元気にやっていける。僕も、週末はそれまでどおりでしたから。

総務部は僕に少し休んだらどうかと言ってくれたのですが、休んだからといって状況が変わるわけでもない。ならば、いっそ違う職場を探したほうがいいのではないかと考えるようになりました。それで入社三年めの夏前に自分から退職願いを出しました。そのときは、就活はしませんでした。まずはいろんなことを回復させるのが先だと考えたからです」

退職から二年、引きこもりに

無職になった佐藤さんは実家にこもりました。

「家にいたら、衣食住には困らないという気持ちがありました。それに体調もよくなかったからハローワークまで行く力がなかった。それで、仕事はネットで探せばいいや、なんとかなるだろうと思っていました。僕の友人で一年で会社を辞めたヤツがネット上の就職サイトに登録して二か月で仕事を見つけたんで。まあ、その後一年でまた辞めましたけれどね

（笑）。それで僕もあきらめていなかったのですが、実際はなかなか就職につながらない。

父親は働けとしつこく言って怒るのですが、僕はその気がないわけじゃないんです。ただ、僕自身どうしたらいいかよくわからない。こうやって働いていきたいとか、将来はリッチになりたいとか、偉くなりたいとかがない。欲がないと仕事探しはますます困難を極めます。ネットの時間がどんどん増えて、昼夜逆転の生活にもなっていきました。

こうして僕は、退職から二年ほど引きこもってしまったんです。引きこもりといっても、近所のコンビニくらいまでなら行っていましたので100％の引きこもりではありませんでしたが、かなり危険な状態ではありました。引きこもりは決して楽ではないです。新しい一日が怖いんです。なんとかしたいのに体が動かない。朝日が昇るのが耐えられない。内定をもらった直後の誇らしい気持ちが嘘《うそ》みたいで、毎日、自信がなくなっていきました。ただ引きこもりが定着したら二度と外には出られないという強い恐怖があったので、月に一回は、近所のＮＰＯが運営する引きこもりの若者や不登校の子どものための居場所に行っていました」

それがあってよかったですか、と尋ねると、佐藤さんは即座に「関係なかったですよ、単なる気休めでした」と続けました。

「そんな場所に行っても仕事にはつながらない。そうこうしているうちに父が脳梗塞《のうこうそく》で倒れてしまって、僕が家でのんびりできない雰囲気になりました。母は僕が家にいて父の介護をすることを望んでいたのですが、近所に住んでいる祖父母や親戚たちは違います。引きこもり状態の僕は、彼らからしたら大学院まで出てなにもできないクズみたいで……。

でもいきなりバイトに出る自信もないので、今は、地元のNPOが募集していたインターンシップを受けています。このNPOは丁寧で悪くないのですが、根本的な問題があると僕は思っています。たとえば、ここがオファーしてくる仕事は清掃業務とか介護とか農作業とか中小企業の工場業務とか。これで、この先一生食えるんでしょうか？　あるいは新しい仕事を自分たちで作っていこうと格好いい話はしているのですが、新しいビジネスは一朝一夕には作れない。誰も気づいていないようなビジネスのアイデアでもあれば別ですが、そんな超現実か夢物語だけでは将来設計はできないと思うのです。

支援してくれるのはありがたいのですが、最初から僕らの能力を限定して考えているように思えてならなくて、それが僕としたら不愉快なんです」

大学院で学んだことは使えない。高学歴も邪魔。どうやったら自分に合う仕事、やりがいのある仕事を見つけられるのか。

「これから僕はどうなるんでしょうか……」

窓の外を見ながら、自分に言い聞かせるように佐藤さんは静かに語ったのでした。

2　企業側が理解できない新入たちの増加

そんな彼らを雇う企業側はどう考えているのでしょうか。

新入社員を始めとする、今の二十代の若い社員についてどういうふうに見ているか、いくつかの業界に聞いてみました。

> 【ケース5】
> 入社五か月の新入社員。
> 遅刻を繰り返し、注意した上司をパワハラだと訴える。

政府系金融会社の営業課長（四十二歳）はここ数年の新入社員には驚くことばかりだと言います。

この課長が頭を抱えているのは、二〇一二年度入社のある社員。この社員は、配属当初から時間を守ることが苦手だったのですが、三か月経っても、平気で五分、十分の遅刻を繰り返していました。その都度、課長は注意してきたのですが、改善されることはありませんでした。

遅刻しても電話一本なく、寝坊したので諦《あきら》めた、と説明

九月のある日、その新入社員は一時間遅刻してきたにもかかわらず、その間、電話連絡一本入れることはありませんでした。それだけでも社会人としては決定的なマナー違反ですが、課長が驚いたのはそのことに対する彼の対応でした。

遅刻したら謝るのは当然のこと。しかも、ただ謝るだけでなく、電車が遅れたとか事故に巻き込まれたなど、遅刻している間の仕事を補塡《ほてん》してくれた上司や先輩の納得がいくよう、遅れた理由をあわせて説明するのは社会人として基本的なことです。

しかし、この新入社員は悪びれることなく『寝坊しちゃいました』『目覚ましの電池が切れていました』『いやあ、起きたらもうぜんぜん間に合わないんで、時間に間に合うように来るのは諦めました』と言い、その間仕事を代わってくれていた先輩や同僚には『すみませんでした〜』とだけ言ったそうです。

実はその日は、朝から電話が鳴りっぱなしで大変だったのでした。それも、その彼が前日に受けた緊急電話の要件を担当者に伝えていなかったことが原因でした。そのことが仕事上のミスにつながっていたのです。それを聞いても、彼の態度は変わることはありませんでした。

課長は言います。

「僕が腑《ふ》に落ちなかったのは、その新入社員が激烈な入社試験をかなりいい成績で突破して入ってきた名門国立大学出だったことです。名門大学を出ているとか出ていないとか関係なく、そもそも仕事に遅れないように家を出るというのは小学生でも知っていることです。

今の若い者は、なんて批判するつもりはありませんが、実際問題として十年くらい前までは、新入社員は朝は誰よりも早く会社に来て、始業前の準備をしていました。そんなことはいちいち教えなくても当たり前のことでした。

それが六、七年くらい前から、一つ一つ言葉で教えなければわからない人たちが増え、ここ数年では言ってもわからないという人が増えたのです。最近は、言ってもわからない、というより、そもそも言葉が通じない人が増えたというのが、情けないですけれど実感ですね」

会議室に呼んで事情を聴いたらパワハラと主張

このとき課長は〝社会人なんだから言わなくてもわかれよ、では上司としてだめだろう。新入社員だからこそ一度はちゃんと指導する必要がある〟と考え、すぐにその社員を会議室に呼び出して事情を聴きました。

新入社員は、『昨夜《ゆうべ》、学生時代の仲間と遅くまで飲んでしまって』『目覚まし時計だけだと心配だったんで、ちゃんと携帯のアラームもセットしたんですけれど、聞こえなかったみたいで』『気がついたら、もうぜんぜん無理なんで、諦めました』と語りました。

それを聞いた課長はつい、『〇〇君、そういう言い訳ではなくて、まず社会人としてすべきことがあるだろう』と少し大きな声で言ったそうです。すると新入社員は、『寝坊してしまったものはもうしょうがないですし、しつこく言い訳するのは自分のポリシーじゃないんで』。

課長は、『これが取引先との大事な約束の日ならどうするのか。まずは真摯《しんし》に謝ることだろう。君は名門大学も出て成績も優秀なのに、謝り方一つ知らないのか』と諭《さと》しました。すると、その新入社員は『そういう大事な日の前日には飲んだりしませんから大丈夫です。それに今日の失敗は自分のミスなだけで、誰かに具体的に迷惑かけたわけじゃないですよね？電話のミスがあったのは悪かったと思いますが、それって遅刻せずに出社していたら起こらなかったというような問題でもないですから。これ以上、過去のことを言われても、自分としてもどうしようもないんで。ペナルティは受けますから、上司に報告するなり、自分の評価を下げるなりしてもらっていいです。じゃあ、失礼します』と言って会議室を出て行ってしまったのでした。

課長は深いため息をつきながら続けました。

「たった三十分程度の応酬《おうしゅう》でしたが、愕然《がくぜん》としました。生きているルールが違いすぎる。ゆとり世代がダメだというのは我々世代がよく口にするキーワードですけれど、ここまでの新人はいなかった。ペナルティは受けると言っていたので、もはや彼にはなにも言う気になれません。育てようと思っていましたが、そんな気は失せました。今は時期が来たらうちの部署から出そう、それまでは自分で面倒を見るしかないと諦めています」

しかし、話はここで終わらなかったのです。

数日後、新入社員は総務部に、

『自分は遅刻したことを否定していないし、なぜ遅刻したかも嘘もつかず正直に報告している。査定を下げてもいいし、部長に報告してもらってもいいとも言った。それなのに、会議室に呼び出し、ネチネチと説教するのはパワハラにあたるんじゃないのか。いくら自分が新人だからって、会社と雇用契約は結んでいるのだから、課長の行為は労働者への権利侵害だ』

と訴え出たのでした。

事態が表面化したため、会社はこの新人の異動を決めました。が、一連の言動が社内に広まっていたため、どこの部署も彼の受け入れを渋り、総務が引き受けるしかありませんでした。

「総務には〝ウチの会社は労働者の権利を侵害するような会社なのか〟と詰め寄ったそうです。そうやって権利ばかり言うくせに、肝心の社会のルールとか組織のルールを知らないから行動が伴わない。それがわかっていれば、あるいはもっと素直でさえいれば、こんなふうにならなかったのに……。彼の言動には腹が立ちますが、一方で、将来もある身なのにもったいないとも思っています」

【ケース6】
入社二年めの社員。
会社の床にゴミを捨て、唾《つば》を吐く。

情報通信業の営業部門を統括する男性マネジャー（四十八歳）は、二〇一一年度入社の、イケメンで超名門私立大学経済学部を卒業した新人が、まったくマナーを知らないと話します。

この二年め社員は、コンビニで売っているおにぎりを朝ごはん用に毎日二、三個持参するのですが、食べるたび、おにぎりを包むセロハンをゴミ箱ではなく床に捨てていることがわかりました。床といっても絨毯《じゅうたん》が敷いてあります。

ある日、その彼が床に唾を吐いたのを目撃したマネジャーは、つい『非常識にもほどがある！』と怒鳴りつけてしまいました。

すると、二年め社員は素直に『あ、すいません』と謝りました。

それで、〝なんだ、言えばわかるのか？〟と内心、不思議な気持ちになりながら、ゴミも床の上ではなく、ちゃんとゴミ箱に捨てるように言ったところ、彼は殊勝《しゅしょう》に聞きながら『あ、つい……すみません。気をつけます』と答えたのだそうです。

ここまで言えば、もう同じミスはしないだろうと思っていたところ、この二年め社員は一週間くらいすると元の木阿弥《もくあみ》。また、ゴミを床に捨てるようになりました。

マネジャーが呆れるのは、この社員が学歴だけでなく家庭的にも恵まれていることを知っていたからです。名門私立大学附属小学校からエスカレーター式で大学を卒業できるほど家庭は裕福。父親は官僚、母親は大学で教えているというエリート一家で育っていたのでした。「部下たちは『きっと、家にはバアヤがいて、なんでもかんでもやってくれるから平気なんじゃないですか（笑）。床にゴミを捨ててもバアヤが拾ってくれるんですよ』とバカにしまくっていました。ところが本人は一向に気にする様子がないんです。おっとりしているという見方もあるでしょうが、社会人としての基本が欠落しています。昔は名門大学出身だったり家庭的にも恵まれていたりすると、最低限のマナーやルールは知っていましたが、今はそういう条件や環境もあてにはなりません。

我々管理職側にとっての問題は、その新人に〝何が欠けているか、簡単には見抜けない〟点です。見抜けていればそもそも雇わないという選択もありますし、早い段階でわかれば仕事を任せる前に細かく指導することもできます。ですが、彼らは何百倍といった入社試験をパスしてきた精鋭です。だから簡単にボロは出さないんです。そして、ある瞬間、お客様の前でありえないミスをしてしまう。それが致命的なミスになることを防ぎたい会社としては、入社三年以内の若手に仕事を本格的に任せる踏ん切りなどなかなかつきません。そのことが若い社員には不満になり、直属の上司を飛び越えて幹部のところに訴え出たりするので、ますます軋轢《あつれき》がひどくなる。

結局、社会で働くとはどういうことか、本当の意味でわかっていない若い人が少なくないような気がしています。自分のやりたいことをやることが働くことだと思っている人は、少なくないのではないでしょうか」

【ケース7】
試用期間を終えたばかりの新入社員。
連絡一本なく三日欠勤し、ウツの診断書を出して休職。

保険会社の営業部長（四十九歳）は、最近の自分の仕事に〝朝、出社してこない独り暮らしの新入社員をマンションまで行って起こすこと〟が加わったと嘆きます。

この会社がそういった取り組みを始めたのは二〇一〇年度から。当初はほとんどの管理職がそれは社会人に対してやるべきではないと反対しました。しかし、総務部は『もし、パワハラなどの理由で会社に来られないとか、それが原因でウツにでもなられて労働基準監督署なんかにでも行かれたら、会社としたらもっと困る。だからそうなる前に予防的措置をとっておかなければならない』と主張、最終的には管理職たちは同意せざるを得なかったそうです。

総務の発言には、きっかけとなる事件がありました。

見習い中に先輩に嫌がらせをうけウツになる？

二〇一〇年度に入社した男性新入社員が、連絡もなしに三日も出社してこないことがありました。課全体で心配し、携帯に電話するなどして、明日はマンションまで見に行こうと言っていた四日め、本人がウツの診断書を携えて出社してきたのでした。

上司や先輩たちは、みんなとても驚きました。というのも、彼は試用期間を終えたばかりで、責任のある仕事は一切任されていなかったからです。しかも、週末、彼女とディズニーランドで遊んでいたのが、別の課の社員に目撃もされていました。

ところが本人は、『営業の見習い中に、先輩にひどい嫌がらせを受けてから、眠れないし食欲もなくなった。それで医者に行ったらウツと言われたから休職させてほしい』と言ったのです。

これにはその課だけでなく、社員の多くが怒りを感じたそうです。なぜなら、彼が名指しした社員は八年めの中堅どころで、その会社に多い体育会系の人間。体格がよくて頭の回転も速くて、口は悪いけれども後輩の面倒見はいいとして知られている人物だったからです。声も態度も大きいけれど、筋を通し、汚いこと、卑怯《ひきょう》なことはしない。営業成績もよく、人柄もいいからみんなに好かれ、上からの信頼も厚い社員でした。

そういった人物像を踏まえて総務が新入社員に、今一度事実関係を確認し、また営業先でも二人の様子がどうだったか調べました。八年めの社員は『自分の言い方も悪かったのかもしれない』と新人をかばう姿勢を見せたのですが、新入社員は『陰でやられたんだから、その場にいなかった人間にわかるはずがない。自分がウツになったのはあの人のせいだから休職させてほしい』と態度をかたくなにしました。

こうなると、問題の解決は困難を極めます。

かたや会社のホープ、かたや新人です。会社としてはホープを信じたいのですが、この件については信じるだけの客観的証拠がありません。しかし、新人に『言いがかりだ』と言えるだけの証拠もないのです。

一方的にフェイスブックに書き込み

結局、ホープ社員のほうをいったん本社から支社に飛ばし、新入社員は部署を総務に異動させるというケンカ両成敗的な手法で決着させました。総務が慎重になった背景には、新人のほうが自分の一方的な事情をフェイスブックに書き込み、それが一気に広まったということもありました。

営業部長はこう分析していました。

「なぜ、八年めの社員がこれまで通りにやっていたことで、ウツになるのか？ 確かに二人きりの場面にいないので簡単に擁護はできませんが、それだけが原因でウツになったとはどうしても思えませんでした。もし新人が言っていることが事実だとしても、こういった対決姿勢では事態の解決にはなりませんし、彼自身にとってもデメリットが大きすぎます。なぜなら、社内中がもはや彼には関わりたくないと思うからです。社会人的に受け入れられる、双方が納得のいく解決策をなぜ求めようとしなかったのか。あまりに対人能力が低すぎます」

最近、営業部長自身、入社して半年の社員が連続二日出社してこず、家まで迎えに行きました。社員はひどい風邪で寝ていたのですが、部長の疑問は募りました。

「この新人にしても、なぜ、連絡一本できないのかがわからないんです。電話が無理ならメールという便利なものが今の時代にはある。私に連絡するのが嫌なら、せめて同期の誰かにでもすればいい。そのことを本人に言ったら、同期を巻き込むのは悪いと思ったと言うのです。仕事をしていくうえで何が重要なのか、優先順位はどうつけるのかといったことがまったくわかっていない。これは新人研修で教えるようなことではなく、それまで生きてきた過程で学んでいてしかるべきことです。こんな状況では、社会に出てからまっとうな人間関係を築けません。働く以前の問題だと思っています」

【ケース8】
入社三年めの社員。
会社の方針と違っても、自分がいいと思ったことをやる。

飲食や福祉など総合的なサービスを提供している企業の事業部長（四十七歳）は、いろいろな課題の多い社員が少なくないなか、今は特に入社三年めのある社員に困っていると言います。

その男性社員は、とにかくミスが多いのです。

ミスを指摘すると嫌がらせだと受けとる

たとえば、会議で社の方向性が決まっていることに対し、自分で「こっちのほうがいいはずだ」と思うと誰にも相談せず動いてしまうそうです。ことが発覚するのは事態が進んでトラブルになってからなので、上司たちはフォローに困ります。先方は決裁をとっているため、そう簡単にひっこめたり、変えたりできる話ではなくなってしまっていますが、契約している内容は社の方針とは違うわけで……。そういったミスを一度ならずも二度もやってしまった彼は上司に叱責されたとき、詫《わ》びながらも「思いついたらもうセーブが利かなくなるのが自分の特性」と答えたそうです。

その社員の問題はほかにもありました。

たとえば、電話に出ないこと。先輩の女子社員に、「〇〇君、電話とって！」と言われればとるのですが、自分から電話をとることはありません。電話をとったらとったで、内容を正確に伝えることができず、あとからトラブルになったことが何度もありました。

ほかにも、プレゼン用資料のコピーを依頼すると曲がっていたり、一枚抜けていたり……。それで、徐々に彼には仕事が振られなくなったのでした。

すると、その社員は労働相談をやっている民間機関に行き、会社から嫌がらせを受けていると言ったのです。会社側からすると、その社員は会社で利益をうむどころか損害を与えていたわけですが、本人は『契約の件も、自分が当初やっていた通りに進めていれば、会社に損害を与えることにはならなかった』と主張しました。彼は、会社の方針と多少異なっていても損害を与えなければいいはずだと譲らなかったため、会社側との話し合いは平行線でした。

現在、このケースは事業部長の手を離れ、総務部が顧問弁護士とともに対応しています。会社側としては、自主退職してもらって、次の仕事をあっせんする業者に紹介し、再就職するまでの費用を同社が持つことで落ち着けないかと考えているそうです。

〝お互い様〟は通じない

事業部長は、「そういうやつがいること自体、信じられますか？」と何度も言いながら、こう話しました。

「今後、似たようなケースが起こったとき、ここまでこじれないようにと課長以上の管理職はいろいろなパターンの新人対応研修を受けさせられています。その中には、たとえば、新人に始業時間前に来させるなというものもありました。自主的に来る分には構わないのですが、朝早く来て空気を入れ替えて、先輩たちの机を拭《ふ》いたりコピー機の紙を補充したり、コーヒーをいれておいて、なんてことを頼むのは絶対にダメなんだそうです。時間外労働になり、残業代などを払わなければならなくなるからだとか。実際、同業他社がそれをやって、その新人が労働基準監督署にクレームを入れ、調査が入ったと聞きました。

もちろん、サービス残業を強要するつもりは毛頭ありません。でも、そういうのは組織の中ではある程度〝お互い様〟な事項でもあります。そうやって、今、自分ができる範囲で会社に少しでも貢献して、その合間に少しでも先輩の仕事を覚えようと考える新人は、もちろんいます。そして、実際、そういう姿勢で頑張る若者ほど仕事の覚えも早いし、早く即戦力になっていきます。

ところが、そうした、僕たちから見たら当たり前の行動をとる新人が、とらない同期から揶揄《やゆ》されたり仲間外れにされたりして、だんだんと居場所をなくしていくケースもあるみたいで……。まるで小学生や中学生たちのイジメ、いわゆる同調圧力ですよね。みんなと同じじゃないと無意識のうちに排除する。そういうメンタリティのまま社会人になった人も少なくないんじゃないでしょうか。そんな考え方をしていたら、組織で務まるはずがありません」

3　両者の言い分から見えてくること

新人切りをしたくなる状況が年々続いている――。

メーカーのある人事課長（四十一歳）の言葉です。

新人切りという言葉は、〝派遣切り〟みたいでイメージが悪いから使いたくないが、そうとしか言いようがないくらい、年々入ってくる新入社員の、人としてのレベルが落ちている、と言うのです。彼によればそれは、学歴や家庭環境、偏差値は関係ないそうです。

「働く」ことを誤解している若者が多い

人事課長は、「働く」ことの意味そのものを誤解しているのではないかと思われる新人が多いと分析していました。

・働くとは自己実現することだと思っていること。
・働くとは好きなこと、得意なことを活かしてやることだと思っていること。
・働くとはやりがいのある仕事をすることだと思っていること。
・働くとは自分に合ったことをやることだと思っていること。
・働くとは企業説明会で聞いたようなことだけをやることだと思っていること。
・働くとは仕事さえしていればよく、苦手な人とは関わらず、花見や飲み会などといった社内行事なども行きたくなければ行かなくてもいいと思っていること。
・働くとは入社したらすぐに好きなように働けることだと思っていること。

本章の第1項で紹介した若者たちを思い出してみて下さい。まさに彼らの言い分がそうです。個別のケースによって事情は異なるものの、やりたい仕事、やりがいのある仕事、自分に合う仕事が見つけられないと言っています。

「もちろん、働くことの中で誰でも自己実現をめざしていいし、それができればそれほどいいことはありません。でも、働くことだけが自己実現でもない。それに、好きなこと、得意なこと、興味のあることが仕事になっている人間なんて、そもそもそれほどいるわけでもありません。たいていは、生活のため、家族のため、生きるために現金収入が必要だから仕事しているわけです。やりがいも、仕事の合う合わないも、ある程度仕事を覚え、自分でまわせるようになってからの話です。最初から、仕事にやりがいを持っているサラリーマンなんて、そうそういません。みんな、血反吐《ちへど》を吐きながら仕事を覚え、なんとかへばりついて徐々に戦力になっていくわけですから。ところが、この『血反吐を吐きながら仕事を覚える』っていうのができない新人が驚くくらい多いのです。あ、言うまでもありませんけど、本当に血反吐を吐けといっているのではありませんから、誤解しないでくださいね。ってこういうことをいちいち言わないといけないのが、今の新人たちなんです」

人としての基本的な土台が脆弱《ぜいじゃく》

実は、このメーカーでは、二〇一二年度入社の新入社員の中に八か月も経たないうちに辞めた人がいました。

この新人のことを課長がよく覚えているのは、本人の代わりに母親が『息子がそちらの仕事が、説明会で聞いた内容とは違うので辞めたいと言っている。悪いが辞めさせてほしい』と人事部に電話してきたからです。

息子の職場に退職願いの電話を掛ける母親など、常識的にはかなりズレているように思いますが、この母親だけが特に変わっていたとも思えないと課長は考えています。

というのも、二〇一〇年度入社の新入社員たちを研修していたときには、ある新人の母親が人事部に電話をしてきて『息子が研修がきついと言っている。もう少しなんとかしてほしい。息子の体に何かがあったら責任をとってくれるのか』とクレームを入れてきたこともあったからです。

結局、どちらのケースも新人のほうから辞職願を出してきました。

辞めてくれてありがとうという気持ちだ、と人事課長は真顔で言いました。

「でも一方で、どの新人の保護者が似たような攻撃をしかけてくるかわかりません。クレームを入れる保護者は自分の正当性を信じているため、話し合いはなかなか成立しません。こういう保護者の元で育った新人たちに研修で『自分の思ったとおりにことを運ぼうとしても、会社や社会にはルールがあり、君にとって正しいことがいつも正しいとは限らない』などと教えても、なかなか彼らの頭には入りません」

また、同社の新入社員の間で、ここ数年、特に共通するのはコミュニケーションがとれない人が多いこと。中堅企業とはいえ、安定しているため人気が高く、入社してくるのは熾烈《しれつ》な就職試験を突破してきた猛者《モサ》ばかりなのに、です。

しかも、ここでいうコミュニケーションとは、相手の話を聞いて理解する、自分の言いたいことを理路整然と伝えるなど、普通に生活していたら誰でもできるレベルのこと。それなのに、これができない新人が十年前の新人に比べて驚くほど多いのです。

「自分はコミュニケーションがとれていると思っている新人の中には、人の話をまったく聞かないし理解もできていないのに、そこに気がついていない人が結構います。一方、あきらかにコミュニケーションができていない新人は、失敗すると『先輩に聞いても使える返事が返ってこない』『相手の説明が悪い』と人のせいにしがちです。なんとかならないか、と新人研修の内容を工夫したり、上司にあたるほうの人間の研修を徹底して行なうなど日々格闘していますが、新人側の土台が脆弱だといかんともしがたい。

結局、就職してその仕事に定着できるかどうかは、そういった人としての基本的な土台ができているかどうかにかかっていると思います。高学歴だからとか裕福な家庭で育ったからそういう土台ができるわけではないと痛感しています。また、普通に生きていれば自然と身につくはず、というのももはや過去の話です」

若者たちの不満、企業側の戸惑い

本章第1項で紹介した「仕事に定着できない若者たち」は、あくまでも氷山の一角です。もちろん、言うまでもありませんが、こういう人ばかりではありません。ただ、若者たちの言い分には共通することがいくつもあったのも事実です。

自分たちの世代とは合わない価値観を持った社会や、教えるべきことを教えてこなかったゆとり教育への怒りと失望。

不景気な世の中を構築してきた上の世代への恨み。

好きなことを仕事にしなければ続けられないと思っているのに、その仕事が見つからないことへの焦り。

労働者である自分の権利を侵害する会社が一方的に悪く、自分のほうには問題はないとする考え。

無能な上司や嫌な先輩と付き合う必要はないとする考え。

うまくいかないのは自分が悪いが、どうしたらいいかわからないという考え……。

一方、企業側は、そんな若者たちの言動に戸惑いを隠しません。

しんどいことがあると自分の代わりに保護者に連絡を入れさせたり、時間厳守できない、礼儀が守れない、社内方針とは違うことをしてしまうなど、社会常識やマナーといった生きているルールがズレていること。

自分のことは棚に上げ、すぐに上司や先輩批判をすること。

労働者としての権利意識ばかりが強く、責任とか義務の意識は弱いこと。

気に入らないことがあるとすぐに訴え出て、自分の手で問題を解決しようとしないこと。

ストレスがかかると、すぐにウツなど病気になり診断書を持ってきて働け（か）なくなってしまうこと。

言いたいことは主張するけれど人の話は聞けないか、一切主張できず人の話も聞けないというように、コミュニケーションの力が偏っていること……。

社会人になる準備ができていない若者を企業が持てあます

前述の人事課長の言葉を借りれば、仕事に定着しづらい若者たちは、そもそも「働く」とはどういうことかわかっておらず、また、社会人としての土台も身についていない。でも、なぜそうなってしまうのか、彼ら自身はよくわからないために、上司が悪い会社が悪い世の中が悪いと怒りを抱いたり、あるいは、すっかり自信を失ってしまう。そういう構図が見えてきます。

言い換えると、

社会人になる準備ができていない若者たちが、学校を出て企業に雇われると、
↓企業は、彼らを戦力になるよう育てようと考えるが、想定外のところでトラブルが続き、
↓結果的に彼らを持てあますことになってしまい、
↓最終的には「若者側がデメリットを受ける」ことになる、

というのが現実なのです。

なぜ、こんなふうになってしまったのか……。

もちろん理由は一つではなく、いくつものことがらが複雑に絡み合っているはずです。ただ、社会人になる前に、誰もが同じように通過する場所が一つあります。

そう、学校です。

いったい、教育現場では、どういう指導を行なっているのでしょうか。

次の章ではその点について見てみたいと思います。

第二章　教育現場や家庭では何が起こっているのか

1　就職予備校になっている大学

キャリアセンターがやっていること

坪田圭吾さん（五十五歳・仮名）は流通業の管理部門から人材派遣会社に転職後、長くヘッドハンターとして働いてきました。その坪田さんが、声をかけられて私立大学のキャリアセンターでキャリア相談部門の管理職として働くことになったのは、四年前のことでした。

当初は〝長くかかわってきた業界内での転職で、送り込むのが専門性に秀でたビジネスマンから学生に替わっただけ〟と考えていた坪田さんでしたが、いざ仕事を始めてみると戸惑うことばかりだったと振り返ります。

「キャリアセンターの役割は多種多様な企業を一社でも多く開拓し、一人でも多くの学生たちを送り込むことです。企業は少しでもいい人材がほしいし、学生は少しでも条件のよい、自分に合った企業に就職したい。これはまさに自分が二十年以上かけてやってきたことです。

その実績を見込まれて〝キャリア相談部門のテコ入れをしてほしい〟とハントされたわけですし、自分でもその要望に応えられると考えていました。ところがふたを開けてみたら、仕事の大半は学生たちのお世話係りと言っても過言ではないようなことばかりだったのです」

この大学は就職率が高いことで知られていますが、それは非常に手厚い就職支援を一年生のときからやっているからでした。特徴的なのは、保護者と大学教員とキャリアセンターが三位一体《さんみいったい》になって学生の就職をバックアップしている点です。

たとえば……。

一年生のときから「この講座をとっていけば将来的に◯◯という仕事をするときの土台ができる」というような、キャリア形成と単位取得を絡めた講座を多数用意しています。学生がどの講座をとったらいいかわからないときは、教員やキャリア相談員が「好きなことは何か」「得意なことは何か」「これまでどういうことをやってきたか」など詳細に聞き出しつつ、親身になって相談に乗ります。

また、一年生のときは自分自身の理解を、二年生は他者理解と社会に出ていくときのモデルになるような人と出会うことを目標とし、さまざまな出会いの場、学びの場を設けています。

三年生の就活に向け、あの手この手でバックアップ

実際の就職活動は三年生から始まります。それを受けて、キャリアセンターでは学生たちに就職活動を行なっていくうえでの対策を徹底指導します。業界動向や企業の採用動向など専門分析を踏まえた進路就職ガイダンスを行ない、企業の探し方、インターンシップの受け方、企業への電話の掛け方、履歴書の書き方、個人面接・集団面接の受け答えの仕方などを、自己分析をさせたり職業適性検査を受けさせたりしながら丁寧に教えていきます。

ほかにも企業や民間団体などで、あるいは公務員として働くOB・OGを大学に呼んで懇談会を行なったり、就職に有利となるような資格取得のための講座を設けたり、女子学生にはメイクやスタイリング方法を教えたりもします。このメイク講座は男子学生からの要望もあり、最近、男子向けの身だしなみ講座も開設されました。

「もちろん、自分から積極的に就活していく学生はたくさんいます。しかし、そういう学生たちと同じくらい、誰《だれ》かがなにかをしてくれるのを待っている学生もいます。こういう学生たちを少しでも早く見つけ出し、フォローしていくことがキャリア相談員としての大事な仕事でした」

大学に来ない学生は、そのチェックポイントの一つだそうです。

とはいっても、自分の好きなことやバイト、ボランティアなど学外の活動が忙しくて大学に来ない学生はたくさんいます。こういう学生たちは自分でやっていける人がほとんどなので基本的にはさほど心配しないそうです。

坪田さんたちが神経をとがらせるのは、来たくても来ることができない、不登校気味な学生たち。こういう学生たちは、どこの大学にもそれなりの数いることが知られていますが、この大学の場合、心理相談や健康センターを頻繁に受診するような学生たちをピンポイントでターゲットにしていました。健康センターなどは受診していなくても、一年生のころからあまり大学に来ない、サークル活動もしない、ゼミ等でもパッとしないような学生の噂《うわさ》を聞いたらマークするそうです。

こういう学生たちは、キャリア相談員が核になり、カウンセリング部門と担当教員、そして可能であれば家庭が三位一体になってこまめに連携をとりながら、なんとか三年生になるときには就活できる態勢になるよう、あの手この手でバックアップしていきます。

「もっとも最近は、バイトや好きなことに熱中しているからといって安心していていいわけでもないんです。なぜなら、最近の学生の中には『好きなことならいくらでもできるけど、苦手なことはまるでダメ』という人がいるからです。こういう学生たちはゆとり世代以降に本当に多いように感じています。

それから積極的に就活しているからといって安心できるわけでもありません。やる気満々なのに、履歴書がちゃんと書けていなかったり、面接のイロハを知らなかったり、あっと驚くような非常識なことを言ったりやったりする学生も結構います。

結局、履歴書をどうやって書けば人事担当の目に留まりやすいか、どういう身だしなみでどういうふうに話したら面接官のハートを摑《つか》みやすいかなどコツを丁寧に教え、挨拶《あいさつ》やお辞儀など社会のルールとマナーを教え、OB・OGを紹介してコネをつけさせます。こういったことは、卒業時に就職できなかったり、就職できたけれど二年以内に辞めてしまったという卒業生たちにも、求められたら行なっています」

保護者向け就職説明会を開催

また、この大学では、保護者を対象にした就職支援にも力を入れています。

まず、保護者向けに就職説明会を何度も開催します。

「昔と今の就職活動は内容も方法もまったく異なる」「就職活動はスタートが肝心。のんびりやっていたらあっという間に乗り遅れてしまう」「親は無用なプレッシャーを与えないようにしなければならないが、無関心もダメ」「いちばんストレスがたまるのは十二月」「大企業でなければならないというような固定観念は捨てなければならない」「情報収集にはスマートフォンは不可欠だから買ってあげて」「就職活動を円滑に進めるためには交通費や宿泊代などの資金援助も必須である」「業界研究は親も手伝う」「我が子が書いたエントリーシートは読んであげて」など、就活生を持つ保護者の心構えを徹底指導します。

また大学が学生向けに行なっている就職支援活動の各プログラムやプロジェクトについては保護者にも随時情報を提供し、親子で同じ方向を向けるよう情報共有に力を入れています。カリキュラム選択や進路選択などで我が子が迷っているようだ、というような不安や悩みを保護者が相談してきたら、そのフォローも行ないます。

「心構えの中には、『企業説明会に我が子と一緒に行ってはいけない』『面接の結果を企業に問い合わせるのもダメ』『子どもが動く前に親が先に動いてもいけない』『子どもが内定をもらった企業に対してケチをつけない』など、昔だったら絶対に言わないようなこと、言ったら逆に保護者からバカにしているのかと怒られそうなことまでも、いちいち説明します。

というのも、実際問題として、そういうことをやる保護者が多いからです。キャリアセンターに移ってから、今の保護者はここまで過干渉なのか、と絶句することもたびたびです。確かに学生に問題は多いのですが、同時に保護者に呆《あき》れることも一度や二度ではありません」

そして、坪田さんはこう続けたのでした。

「いろいろと考えた末、今度の三月でこの仕事から離れることに決めました」

結局教えているのは、就職試験突破のノウハウ

「キャリア相談員の主な仕事は学生たちのフォローと言えば聞こえはいいですが、実態は就職予備校とかお受験塾の講師みたいなものです。キャリア形成のためのプログラムはいろいろありますが、突き詰めてみると、どうすれば企業に入れるかということに焦点が当てられています。そこに全力を注《そそ》いでいるのですから、就職率が上がるのも当たり前です。就職率が上がれば保護者は喜び、大学の人気は上がります。当然、高校生たちもそういう情報には敏感ですから大学の人気はさらにあがり、入学してくる学生数は増えます。結果として大学の安定経営につながりますから、理事会も教授たちも喜びます。これはこれでとても大事なことですし、意味も意義もわかるので否定するつもりはありません」

しかし、人材マッチングのプロだという自負のあった坪田さんは、やる気もスキルも中途

半端だったり、空回りばかりしている学生たちを連日連夜見ながら、あることを考えるようになったのだそうです。

「先日も、エントリーシートを会社に提出してきたという学生の格好を見て仰天しました。髪はツンツン、服はラッパーみたいな格好です。履歴書に貼ったという写真を見せてもらったら、親指と人差し指を開いてあごの上に乗せ、カメラをにらみつけています。この写真を貼った履歴書を、その格好で持っていったのか、と聞くと、『今日は面接じゃないっすよ』との返事が返ってきました。それですぐにそれでは非常識だと指導したら、きょとんとしている。何が問題なのかがわからないみたいなんですね。

大多数の学生も保護者も、求めているのは就職試験を突破するノウハウであり、大学が力を入れて教えているのも実質的にはそういう点です。

でも、いくらニーズがあるからといって、こんなんでいいのでしょうか。大学がやることが就職試験合格技術の伝授でいいのか、これが最高学府の教えることなのか、幼稚園児相手のお受験塾と何が違うのか、と思えてきてしまって……。入社してから社内風土に適応できず、ウツになったり辞めたりする学生が多いのも、こういう手法に限界があるからではないかと思うようになりました。そこに加担しているのが苦しくなってしまったんです」

坪田さんはそう言いますが、彼がいる大学が他の大学と比べて、特に手取り足取り就職支援をしているわけではありません。

少し具体例を紹介しましょう。

広島大学のキャリアセンター

広島大学は、一九九八年五月に「学生就職センター」を設立。これに似た組織はどこの大学にもありますが、要は就職活動に必要な情報やノウハウを学生に提供するところです。

この「学生就職センター」は、二〇〇四年四月一日に「キャリアセンター」に変わり、坪田さんの私立大学同様、入学時から学生たちの将来に向けたキャリアデザインを支援するといったことを始めます。

一年生のときから活用できるのは進路・職業選択支援プログラム。これは将来の進路・職業選択を早期に考えるきっかけを与えるための、キャリアデザイン能力を養成することを目的としています。

HPに掲載されている内容を見てみると、かなり手取り足取り、懇切《こんせつ》丁寧です。

まず入学時のオリエンテーションで、早期に将来の進路を考え、目標に向かって挑戦し、行動することの大切さを説明します。センター専任教員が教養ゼミに出向いて、一、二年生向けにキャリアガイダンスを行なうこともあります。

二年生には、自分の手でキャリアデザインするためのワークブック『キャリアデザインノート』を配布し、生き方や進路、職業選択を考えるために、二年生以降の学生を対象に「職業選択と自己実現――自分のキャリアをデザインしよう」と「キャリアデザイン概論」という講座を開講します。

さらに二、三年生及び大学院一年生にはインターンシップの企画運営も行なっています。

このほかに、卒業の前年の学年から活用できる就活支援プログラムもあります。

こちらは「自己PRのための自己理解」、「就職情報の収集術」等の就職活動の基本に関するガイダンスや、「業界研究・企業・職種研究の進め方」「エントリーシートの書き方」「面接の受け方」等の就職活動に関する基本的・実践的なガイダンスを実施。さまざまな分野の仕事内容に触れられるセミナーを開いたり、業界情報や企業情報を入手できるようセミナーを開いたりもします。また、キャリアセンター相談員として委託された企業の採用担当経験者が、学生たちの就職相談に乗っています。

法政大学のキャリアデザイン学部とキャリアセンター

法政大学の場合は、キャリアを「職業を含めた、人の生涯・生き方」ととらえ、二〇〇三年に全国の大学初の「キャリアデザイン学部」を設立しました。二〇〇五年には広島大学同様、従来の就職部をキャリアセンターへと変更し、三年生から始まる就職活動の支援だけでなく、入学時からキャリア形成をサポートする、きめの細かいプログラムを導入しました。

HPによると、一年生から参加できるプログラムには「約二週間の就業体験」「マナー講座」「はじめの一歩シリーズ」と題する自分発見講座、キャリア研究講座、仕事研究講座、社会研究講座、自己理解講座、「社会人と〝仕事〟を考えるセミナー」、「Tea Time」と題する先輩学生や教員との懇談会などがあります。こういったプログラムを通して、大学側としては、「働くこと」「仕事について」「社会とは」「自分とは」などを、低学年のうちから考える機会を提供しています。

また、将来の自分の生活設計を考えるためのサポートなどを行なうため、キャリアアドバイザーが常時待機して、学生のさまざまな相談に乗っています。

三年生になると、これらが就職活動に向けて特化され、いろいろな支援企画が用意されています。

就職ガイダンス、職務適性テスト、自己分析セミナー、就職マナー講座、女子学生セミナー、内定者報告会、エントリーシート対策講座、ＳＰＩ／筆記試験対策講座、業界研究会、第一線で活躍中のＯＢ・ＯＧと語る会、模擬面接会、グループワーク対策講座、グループ・ディスカッション対策講座、銀行・商社・生損保・メーカーなどの研究会、学内合同企業説明会、公務員採用説明会、プレ社会人のための知っトク講座などが常時開かれ、学生の資質や能力を最大限引き出せるようなサポート体制を敷いているのです。

また、坪田さんの大学同様、保護者に対しても就職活動の全体の流れを理解してもらい、かつ学生たちを効果的に支援できるよう情報提供を行なっています。

たとえば、大学のＨＰには就職活動のプロセスとして、①自分を知ること、②業界を知ること、に始まり、⑦面接、⑧内定まで詳細に紹介されています。ポイントとなるアドバイスをこれでもかというくらい丁寧に行なっているのです（次ページ参照）。

これら以外にも、同大学市谷キャンパスでは、二〇一〇年度から二〇一一年度の二年間に、就業力を、①文書作成力、②情報収集・分析力、③状況判断・行動力の三点から捉《とら》え、高校生から大学四年生までを、「気づき」「成長」「発展」の三段階に分けて自立型人材を育成するというプロジェクトを実施していました。

就職活動のプロセスと保護者へのアドバイス
（法政大学HPより抜粋）

❶自分を知ること
→保護者の方々から、客観的に見たお子様の強みなどをお伝えいただけるとご本人にとってより効果的かと思います。
❷業界を知ること
→一社会人としてご自身の経験などをお子様へお伝えいただければと思います。
❸企業を知ること
→（1）規模（資本金・売上高・従業員数など）、（2）収益性（営業利益・営業キャッシュフローなど）、（3）成長性（売上高・営業利益の推移など）、（4）安定性（自己資本比率・株価の推移など）、（5）その他（社風・諸制度など）がチェックポイントになります。
→OB・OG情報を提供いたしております。
❹セミナーや会社説明会に参加すること
→セミナーなどに申し込めなかった場合は学生さんご自身に企業へ電話で問い合わせるよう促していただきたいと思います。
❺履歴書やエントリーシートの提出
→基本をおさえた履歴書を早めに作成いただくことをお勧めいたします。
❻筆記試験・適性検査
→いくら関連の資格を持っていたり学業成績が優秀であっても不合格となるケースがあります。そのため筆記試験・適性検査対策も怠らないでいただきたいと思います。
❼面接
→面接会場となる企業へ赴く際は、入口前から気を抜かないよう心がけて下さい。
❽内定
→親御様ご自身が知らない等、ご自身の価値観のみで否定されないようにして下さい。

就労支援は文部科学省主導

実は法政大学のこのプログラムは、文部科学省が二〇一〇年度から、各大学・短期大学において推進した「大学生の就業力育成支援事業」の一つでした。

この事業は、入学から卒業までの間を通して全学的でかつ体系的な指導を行ない、学生たちの社会的・職業的自立を図って就業力を向上させる、大学の教育改革の取り組みを支援するというものでした。

他に採択された事業を見てみますと、たとえば、室蘭工業大学『自ら考え判断できる工学技術者の育成』、岩手大学『「3つの問い」で学びをナビする就業力育成』、金沢大学『社会的・職業的自立力を培《つちか》う「金沢就業塾」』、香川大学『学生の市民的責任感（SSR）育成システム』、徳島大学『自らの就業力向上を促す巣立ちプログラム』、愛媛大学『「オトナ」力育成プログラムの開発』、青森公立大学『全国最下位の有効求人倍率下での就業力向上』……。まだまだたくさんありますが、タイトルを列挙しただけでも、各大学がどれだけ学生たちの〝就業力〟を上げようと試行錯誤を重ねているかわかります。

こういった大学の就労支援は近年ますます活発化しています。

これらは、二〇一一年四月一日から、文部科学省が大学設置基準を、「大学は、当該大学及び学部等の教育上の目的に応じ、**学生が卒業後自らの資質を向上させ、社会的及び職業的自立を図るために必要な能力を、教育課程の実施及び厚生補導を通じて培うことができるよう**、大学内の組織間の有機的な連携を図り、適切な体制を整えるものとすること」（強調筆者）

と、改正したのがきっかけでさらに加速していきました。

そう変えた理由について、文科省は「学生の資質能力に対する社会からの要請、学生の多様化に伴う卒業後の職業生活等への移行支援の必要性等を踏まえ、大学は、生涯を通じた持続的な就業力の育成を目指し、教育課程の内外を通じて社会的・職業的自立に向けた指導等に取り組むこと、また、そのための体制を整えることが必要である」と説明しています。

これを、乱暴を承知でわかりやすく言うと、「昨今の学生にはいろいろな人がいて、資質や能力の点で社会に出てから課題のある人が少なくないから、**大学にいる間にちゃんとした社会人になれるよう指導しろ**」ということです。だから、大学は学生に対して「社会的・職業的自立に向けた指導等に取り組」まなければならなくなったのでした。

ですが……。

学問よりも研究よりも就職が大事なのか

冒頭で紹介した元ヘッドハンターの坪田さんが違和感をつのらせているのは、こういった大学側の「社会的・職業的自立に向けた指導」姿勢に対してでした。

「大学生の就業力育成支援事業そのものを否定するつもりはまったくありません。ですが、国立大学で『「オトナ」力の養成』だの、『自ら考え判断できる』だの、『巣立ちプログラム』だの言っていることに、学生はもちろん、保護者も疑問に思わないことに、僕は違和感を覚えるのです。こういった力は最高学府に行く前の段階で身につけておくべきことです。実際、実に多くの教授たちが、こういったことを教えなければならないことを疑問に思いながらも、そこまでやらないとできない学生を目の当《ま》たり《あ》にして途方に暮れています。また、そこまでやらないと、保護者からクレームが来る現実もあります」

坪田さんの言葉を裏付けるのは、ある名門国立大学の工学部教授のこんな言葉です。

「大学は就職のための予備校ではないのに、財界や保護者からの強い要望で、気がつくと巨大な就職予備校と化しています。これは日本全国、今ではどこでも見られる現象でしょう。

僕の専門は電子工学ですが、本来ならいろいろとこまめに実験してデータをとって分析して論文書いて、といちばん忙しくなる大学三年から四年にかけての時期に、就職活動が重なります。だから、学生たちは論文書きにエネルギーを１００％割くことができません。工学部に入ったのに、肝心要《かんじんかなめ》の学問を追究する前に就職活動です。そんな状態で大学を出て、一体何になるのでしょうか。

ついでに言うと、授業に三回連続で出てこなければ、担当教員が下宿先まで確認しに行くことまで求められています。在学中に引きこもったり、反社会的行動をとられたら困るからです。そんな学生は放っておけばいいという意見が校内にも根強くありますが、見に行かなければ行かないで、なにかがあったときに保護者から執拗《しつよう》なまでにクレームが来ます。

僕としては、そこまで大学がやること自体、どう考えてもおかしいし、そういうことを大学に要求する保護者もおかしいと考えています。教授が自分の下宿に元気かどうか見に来ることに対して恥ずかしいとか申し訳ないと感じない学生、それを平気で依頼する保護者。彼らのなにかが大きく欠落していると思います。実際、企業ならそう判断すると思いますよ。でもこれが、今の、それなりに偏差値の高い大学学部生の実態でもあります。うちの大学だけではありません」

坪田さんは強調します。

「これまでの私の経験から言って、就職試験を突破できても、ポテンシャルがなければ会社に入ってからはやっていけません。小手先の就職試験突破技術を向上させるのは本当の解決策にはならないのです。ところが、いつの時点からだかわかりませんが、本末転倒《ほんまつてんとう》になってしまい、学生も保護者も自分自身を恃《たの》むということができなくなってしまった。うまくいかないことを教育のせいにし、企業のせいにする。自分を正当化したり責任転嫁《せきにんてんか》するか、あるいは上手に他者を当てにできず、なんでもかんでも抱え込んでつぶれてしまうといった極端な人がとても多い。

一方、少子化の時代、大学側は学生や保護者に疑問を感じていても、大学経営等の視点に立てばニーズに応えるという大義名分のもと、そういったプログラムやサービスを提供していくことになります。結果、悪循環です。こんなことをやっているわけですから、せっかく入った企業をすぐに辞めてしまったり、上司や先輩のことをすぐに訴えたり、ウツなど病気になってしまったりする新人が多いのもうなずけます。驚きません」

「上げ膳《ぜん》据え膳の指導」が若者たちを躓《つまず》かせる

取材を通して私が感じた疑問は、坪田さんや大学教授が抱いている違和感に通じるモノがありました。

実際、坪田さんの大学も、広島大学も法政大学も、大きな枠組みとして捉《とら》えると実によく似ていて、特別に珍しい取り組みをしているわけではありません。「キャリア教育」のことを単に「就活の支援」とだけ見るのではなく、「社会的及び職業的自立を図るために必要な能力の獲得」（文科省）と捉える点も共通しています。

しかし、多くの大学は「社会的及び職業的自立を図るために必要な能力の獲得」と言いながら、いつの間にか「自分とは何か」「将来、どう生きていきたいのか」「そのために自分は何をすべきか」といった、本来、個人が長い時間をかけて、もがきながら答えを模索するような人生の命題についても、「考える場所」を提供し、「考える方策」を教え、さらには「一緒に考えてあげる」ようになっていきました。

それらはよく言えば、懇切丁寧でかゆいところに手が届くキャリア指導と言えますが、裏を返せば、あれもこれもと先回りした上げ膳据え膳の指導とも言えます。果たして、それらが本当に学生たちのためになるのか？　かえって学生たちが日々の生活の中から自分自身で糸口を見つけ、考え、答えを導き出す機会を奪うことにつながりはしないのか？　社会に出てから躓く若者たちを見ていると、そんな疑問が浮かんで仕方がないのです。

言うまでもなく、大学は生活指導の場ではなく、学問研究の場です。それなのに大学教授が下宿まで迎えに来ることに疑問を持たない学生、なにかあるとすぐに大学にクレームを入れる保護者……。もはや、前提からしてズレていると言わざるを得ません。そんな、もともとの土台ができていないズレた学生たちに対しては、「上げ膳据え膳の指導」は、実質的に「社会的及び職業的自立を図るために必要な能力を培う」ことにはならず、就職試験を突破する技術をつけさせているだけに過ぎないのではないでしょうか。

だから、就職できても会社に入ってから不適応を起こしてしまうのだろうと私は考えています。

となると、次に浮かぶのは「なぜ土台ができていないのか」という疑問です。

いったい、大学に来るまで、小中高校で何をやってきたのでしょうか。

次はそのあたりを見てみましょう。

2 小学校・中学校・高校でやっていること

それでは、小学校・中学校・高校では「働くこと」や「社会人になること」をどう教えているのか。

みなさんの中にも中学校で職場体験、高校でインターンシップに行ったことがある人がいると思います。それが「キャリア教育」の一例です。最近では小学校でも同様の教育が始まっています。

少し具体的に見てみましょう。

ある小学校でのキャリア教育

ある公立小学校が行なっているキャリア教育の評判がいいと聞き、取材に行きました。

その小学校ではキャリア教育を「生き方教育」と捉え、将来どう生きるかという大きな枠組みの中に、「何をして、どう働くか」という指導を行なっていました。

学校側が用意した指導期間は二年間。

子どもたちは、まず五年生の一学期に「世の中にはどういう仕事があるのか」を調べます。

キッザニアは、東京や西宮のほかメキシコやインドネシア、韓国、ポルトガル、チリなどにある、八十種類以上の職業を擬似体験できるテーマパークですが、子どもたちは遠足でこのキッザニアに行き、いろいろな職業を体験するのです。

二学期には、興味を持った仕事について話し合います。そこで、あがってきた仕事ごとに班に分かれ、百科事典やインターネットなどを使って、その仕事の内容や社会とのかかわりなどを調べてまとめ、発表します。

三学期には、一年間に学んだことを振り返りながら、将来、自分は何をしたいかなどを考えて作文を書きます。

六年生になると、今度は自分の興味のある仕事をしている大人の話を聞いたり、実際の仕事の場面を見学に行きます。そして、その仕事をするためにはどういうステップを踏むことが大事か、どういう学習が必要かを調べたり考えたり話し合ってまとめ、発表します。

卒業前には、六年生の今の自分が何を考えているか、まとめて絵や音楽、作文などの作品にします。

全体を通して見ると、「働く」とはどういうことかを理解させるためにはよく計算されたプログラムでした。たいていの子どもたちは自分が気になったり好きだと思うような仕事をキッザニアでまず体験し、そこから興味の持てそうな仕事を絞り込んでネットなどで調査し、最終的に今の自分が将来やってみたいと思うことは何か、まとめていました。

好きなことを仕事にできるのは、家が金持ちか勉強ができるヤツだけ

ただ、この取材は別の意味で忘れられないものになりました。

というのも、五年生のときにこういう仕事をしたいと書いていたことがらと、六年生の終わりに書いていたことがらに、大きな違いのある子を何人も発見したからです。

「お笑い芸人になって大儲《おおもう》けしたい」と書いていた男子生徒は、六年の終わりには「運転手になる」と書いていました。「医者になってガンを治したい」と書いていた男子生徒は、六年の終わりには「工場で働く」と書いていましたし、「宇宙飛行士になりたい」と書いていた男子生徒は、六年の終わりには「ファミレスの店員になる」と書いていました。

この変化はなんだろうと、壁に貼りだされたまとめの前で考えていたところ、子どもたちが数名集まってきました。

「それ書いたの、僕なんだ」

そのうちの一人が言いました。お笑い芸人と書いた子でした。それで、運転手と職業が大きく変わった理由を尋ねたところ、その少年はこんな説明をしたのです。

「お笑い芸人なんか簡単になれるわけないじゃないですか。なれたとしても普通は食っていけないでしょう？　最初、先生は〝将来の夢〟を書きなさいって言ったから〝夢〟を書いた

だけです。だってウケると思ったし。夢で食えるほど、世の中、甘くないことくらい知っていますよ。でも、運転手なら免許さえとれば誰《だれ》でもなれるから無理っぽくないと思って。トラックでもいいし、バスやタクシーでもいいと思っています」

周囲にいたほかの子どもたちは「それってアリだよな〜」「同感同感」と口を揃《そろ》えました。

廊下でふざけていた男子生徒二人が、その様子を見て近づいてきて、「オレらも最初に書いたのと最後に書いたのは違う」と言い出しました。

一人は「医者」と書きながら「工場で働く」と書いた少年で、もう一人は「宇宙飛行士」と書きながら「ファミレスで働く」と書いた少年でした。

最初の少年はツバを飛ばしながらこう言いました。

「オレって医者になれるほど頭よくないんすよ（笑）。漢字とか覚えられないし計算できないし。だから最初から工場ででも働ければいいやって思ってそう書いたんだけど、先生がまじめに書けって言うからとりあえず医者って書いてみました。みんなもオレがマジじゃないことくらいわかってますよ。なーっ！」

宇宙飛行士と書いた少年の説明はこうでした。

「うちはビンボーなんです。お父さんはもともと大きな会社で働いていたんですけど、会社がダメになったとかで、お母さんが言うにはこの五年でお給料がすごく減ったんだそうです。だから、いつもお金のことで両親はケンカしてます。一年生のときは、宇宙飛行士になりたいって思っていたけど、そのためには大学に行かなきゃダメなんでしょ？　そんなお金はうちにはないんです。だから、高校を出たらとにかく働けるところで働ければいいんですよ。とりあえず、ファミレスなら絶対にできそうだから、書いてみただけで、ホントにファミレスで働きたいと思っているわけではありません。何をするかはその時になったら考えます」

三人は口々に言いたいことを言っていたのですが、そのうちにこんなことを言いあって、お互いうなずきあったのです。

「そもそも好きなことを仕事にできるのは家が金持ちか勉強ができるヤツだけ。いくら美人でも女優になれるわけじゃないし、運動が得意でもJリーガーになれるわけじゃないし」

「Jリーガーになるためにはサッカーができるだけじゃだめだしな。小さいときから有名リーグとかに入ってないとダメで、そんなの誰だって知ってるよ。でもそういうのをやるためにはお金が要るんだよな、お金。オレらってビンボーだもんな。あ、でも、田村みたくホームレスでもお笑い芸人にはなれるから、お前は運転手とか言ってないで芸人目指せばいいじゃん」

「でもオレ、お笑いのセンスないもん。どうせダメなんだから努力するだけムダっしょ」

「こういう授業やったって、なにも変わんないよな。でも、そんなこと言ったら、一生懸命授業やってる先生に悪いじゃん」

評判のいいキャリア教育でも、ついていけない子どもがいる

一連の話を講演でしたところ、会場にいた小学校の先生がこんな話を教えてくれました。

その先生の学校でもキャリア教育に力を入れており、各クラスには村上龍氏の『13歳のハローワーク』が置いてあるそうです。この本は、好きなこと・得意なことを仕事につなげよう、というコンセプトで作られた本です。前任の校長が村上氏の考えに賛同し、「夢をかなえ、社会に参加できるようになる」ためには何をすればいいか取り組み始めました。現在は、①自分の大切なもの・好きなもの・得意なことなど長所を知り、将来について大まかなプランを持つ、②情報を集め活用し、自分で判断する、③他人を理解し、関係を構築する、④社会で生きる力をつける、の四つにターゲットを置いて指導しているそうです。

こういった目標を達成するために、この学校では一年生から六年生までいろいろなプログラムを用意しています。

一、二年生は自分を知り他人を尊重することを目標にします。三年生から係活動などの仕事を責任を持ってやるようにし、四年生から地域で働く人にインタビューなどをしながら、将来の夢を考えていきます。五年生ではいろいろな仕事を体験し、六年生は駅前商店街のなかの一区画で実際のビジネスを行い、「働く」をリアルに経験し、最終的に自分の大まかな将来プランを設計します。

全体の流れを説明したあとで、その先生は、最後にこんなことをおっしゃいました。

「このプログラムは子どもたちにも保護者にも評判はいいんです。ですが、〝なぜ働かなければいけないのかわからない〟〝将来は生活保護をもらってタダでディズニーランドに行きたい〟〝早く結婚して相手に養ってもらいたい〟という子が一クラスに数名はいます。

こういう子たちの中には、現在、経済的に苦労している子もいれば、親からそれがいちばん得な生き方だと教えられている子もいますし、経済上の問題はないのに勉強も運動も苦手で、友達関係もヘタ、集中力もやる気もなく自尊感情も低いという子も結構、いるんですね。もちろん、全員同じように指導しますけど、効果は上がりづらいっていうか……。

こういう子の場合、保護者も協力的ではないことが多いので、どんどんほかの子と差が開いていく感じです。彼らに対して効果のある指導を行なうことは難しく、はっきり言って

〝もうこの子の指導は無理〟と思うことがよくあります」

その先生がはっきりそう言うと、講演会場では「ウチのクラスにもいる」「私も困っている」と、共感する声がいくつも上がり、「指導が難しい子どもたちが本当に増えた」という話題で盛り上がりました。

「指導が難しい」と、先生方が嘆く気持ちもわからないわけではないのです。

ですが、教えやすい子だけに教えるというのは、教育者としていかがなものなのか、と思わずにはいられません。実際、他業種では「相手に問題があるから成果が上がらない」というのは通用しません。子どもは生まれてくる環境を選べないのですから、学校側がそういう発想だと、家庭環境の違いなどからくる差は開く一方です。

文部省・文科省がやってきたこと

では、今度は中学・高校で何をやっているのか見てみましょう。

中学・高校ではずっと以前から、「働くこと」「社会参加すること」を教えることになっています。

それが「進路指導」です。

進路指導と聞くと、進路希望調査や三者面談、個人面談など、先生と進路について相談したり、先生から高校や大学などについて提案されたりするのが思い浮かぶかもしれません。ですが、これは本来、「進路指導」の一つの要素にすぎません。

今から五十年以上も前に、当時の文部省が打ち出した「進路指導」には、大まかに言って二つの側面がありました（一九五五年「職業指導の手びき――管理・運営編」／一九六一年「進路指導の手びき――中学校学級担任編」）。

一つは生徒の内申点や偏差値などのデータ、進路先の情報や相談を通して、生徒自身が自分の将来の進路を選択・計画して就職または進学できるようにすること。

もう一つは、社会の一員としての自覚を深め、他者と協力してよりよい生活を築こうとする自主的、実践的な態度を育て、将来において自分を正しく生かせるような能力を養うことです。

つまり、そもそも進路指導とは、目先の進学や就職のことをターゲットにした〝出口指導〟だけではなく、どんな社会に出ていったとしてもやっていけるような力を、学校にいる間に身につけさせることを目指したものだったのです。

ところが……。

いつのころからか、教師も保護者も、進路指導イコール〝出口指導〟と捉えるようになります。事実、教師が内申点や偏差値を持ち出して「君の成績なら、この学校を受けなさい」と半ば強引に決めるような進路指導は、いまだに全国各地で見られます。生徒が「行きたい」学校ではなく、「行ける」学校に行かせるのです。

進学や就職に焦点を当てた指導を中三や高三で行なうのが前提なら、日ごろから少しでも条件のいい高校や大学に入ることを目指して、やみくもに知識を詰め込んだり、テストで高得点をとることばかりを目指す指導をするようになったり、少しでも就職に有利になるよう職業に関する知識や技術の獲得ばかりに力を入れた指導をするようになったとしても、なんら不思議ではありません。

その結果、「進路指導」の二つめの側面、つまり「社会の中で生きる総合的な力を養うような指導」は、学校や教師によって意識的に行なうところ以外は、どんどん影が薄くなっていったのでした。

知識重視の指導の見直し

さらに、仕事に定着できない若者たちや企業側が指摘していた「ゆとり教育」の問題もあります。

「ゆとり教育」は、校内暴力やいじめ、不登校など子どもに関わる諸問題の背景に、こうした知識重視型の詰め込み式教育があるとして見直すべきだと、一九八四年の第二次中曽根内閣のときにできた臨時教育審議会で確立されました。実際には、一九八九年に改訂され、小学校では一九九二年度から始まった新学習指導要領にある新しい学力観に基づく教育で、知識や技能を中心とした教育から体験的な学習や問題解決型学習を増やし、変化への対応力を身につけようとするものです。総合学習の時間や週五日制が導入されるなど、指導内容の変更に伴い、教師も指導する立場から、支援や援助する立場へと変わることが求められました。

ところが、ゆとり教育は本来の導入目的からどんどんずれていき、〝詰め込み式〟の教育の反対概念、つまり、〝詰め込まない〟教育として広まっていきます。その結果、OECD（経済開発機構）の学力調査（PISA）で日本はどんどん順位を落としていきました。そうして、ゆとり教育による基礎学力の低下という問題が、叫ばれるようになるのです。

ゆとり教育を受けた世代は、バブル末期からバブル崩壊後に生まれた人たちです。つまり、社会の価値観が大きく揺れ動いているときに自我を確立していかなければならなかった世代で、社会変容の影響を強く受けています。日本が近代化してからは、教育環境は社会の変化にともなって何度か変わっているので、これはゆとり教育世代だけの問題ではないのですが、社会の価値観が大きく変わっていったときに、基礎・基本を徹底して学べなかったとすれば、その影響は見過ごすことはできないかもしれません。

こういった諸事情も踏まえ、二〇〇六年、教育基本法が改正されます。

ここで、五つある「教育の目標」の一つに「個人の価値を尊重して、その能力を伸ばし、創造性を培い、自主及び自律の精神を養うとともに、職業及び生活との関連を重視し、勤労を重んずる態度を養うこと」と、これまでにはなかった目標が明記されました。

さらに私も委員を務めた第一次安倍内閣の教育再生会議でゆとり教育のあり方が検討され、終焉に向かいます。そして二〇〇八年には、教育振興基本計画が閣議決定され、「今後五年間に総合的かつ計画的に取り組むべき施策」として、「小学校段階からのキャリア教育を推進する。特に中学校を中心とした職場体験活動や、普通科高等学校におけるキャリア教育を推進する」と決まります。以降、キャリア教育、「働くこと」「社会に参加すること」の教育がより具体的に動き出すようになったのでした。

前述したように長い間、「進路指導」という言葉は本来の定義よりも狭い意味合いで使われ、働くことなど、社会人として生きることを具体的なプログラムの中で教えるまでには至っていませんでした。だから、その二の舞にならないように、二〇一一年、文科省は「キャリア教育」を「一人一人の社会的・職業的自立に向け、必要な基盤となる能力や態度を育てることを通して、キャリア発達を促す教育」と定義します。具体的には、①人間関係形成・社会形成能力、②自己理解・自己管理能力、③課題対応能力、④人生設計能力、の四つの能力を中心に育てると決めたのでした。

ある中学生の職場体験

では、この「キャリア教育」を中学校や高校の現場はどのように扱っているのでしょうか。キャリア教育はまだ「必修科目」ではないので、現在実践している学校の多くはホームルームや、道徳、総合的な学習の時間、特別活動の時間などを中心に、普通の教科の中に取り込んで指導しています。

関東のある私立女子高校に通う一年生の女子が、中学時代に行なった職場体験の話をしてくれました。

「保育園に五日間職場体験に行ったんですが、まず、中一のときに将来、なんの仕事をしたいか作文を書きました。書ける人もいたし、書けない人もたくさんいたけれど、ここでは、なんでもいいからなにか興味がもてそうな職業を書けばいいと言われたと思います。みんな、図書室にある『13歳のハローワーク』をはじめいろいろな仕事の本を読んだり、インターネットなどを使ってどういう仕事があるか調べ、なんとか作文を書いていました。

私は、子どもが好きなので最初から幼稚園の先生か保育士になりたいという気持ちがあったんです。子どもに関わる仕事はほかにもいろいろあるとは思ったのですが、このときはそんなに深く考えず、『まあ、とりあえず無難なところで』という感じで書きました。でも、結構、みんなそんな感じで適当だったと思います。中には医者になりたいとか、弁護士になりたいと書く人もいたけれど、こういうのって本を見たから『じゃあ、これになりたい』っていうふうになるわけでもないし……。ゲームクリエイターになりたいという人とか、ダンサーになりたいという人もいましたね。そういえば、一人、真剣に魚の研究者になりたいという男子がいましたが、あの人はちょっと例外だったと思います。

そのあと、同じような仕事を選んだ人たちと班になって、それがどういう仕事か調べて発表しました。私は祖母が幼稚園の先生だったので、祖母にあれこれ聞いて発表しました。その後、先生と一緒に地元の保育園にご挨拶に行って、仕事を手伝わせてもらうことになったのが中学三年のときです。

保育園ではなにかを特にやったというより、洗い物を手伝ったり、子どもたちと遊んだりして過ごしました。ミーティングにも参加させてもらって、食中毒に気をつけなければいけないと園長先生が繰り返し言っていたのが印象に残っています。やってみて保育士の仕事が見た目よりハードで重労働であること、思っていた以上に責任もあることなどがわかりました。まあ、たいていの仕事はそうなんだろうと思っていましたけれど」

社会人として生きるために必要な力が何か、具体的にはわからない

だいたいの流れについて聞いたあと、その一連の指導を通して、文科省がキャリア教育の目的とした、人間関係形成・社会形成能力、自己理解・自己管理能力、課題対応能力、人生設計能力などが身についたと思うか、と尋ねてみました。

「って言われても……。職場体験後の作文に書いたのは、保育士の仕事は思っていた以上に責任があって重労働だということでした。この仕事に就くためにはただ子どもが好きなだけでは無理だと思ったし、子どものことをもっと勉強しないとダメだと思いました。それと、病気のこと。ちょうど私がいたときは、食中毒がニュースで話題になって、ウチの保育園でもすごく気をつけていたんです。病気についての知識は自分には全然ないから、園長先生が

言っていることがイマイチよくわからなくて、これも勉強しておかないとダメだなあと思いました。

そういうのを、人生設計能力というなら、それはちょっとはついたかもしれません。でも、人間関係形成とか自己理解とか課題対応能力なんていうのは、よくわからないです。それがそもそもどういう力なのかわからないし……そういうのは授業では教わっていないと思います。作文を書くときも『将来やりたい仕事について考える』とか『その仕事につくためにはどういう力が必要か』などというのは考えさせられましたけど。実際、自分でもついていないように思うし……」

この女子高生が通う高校はキャリア教育に力を入れていることで知られています。高校一年のころからOGが来校して今の仕事について語ったり、大学教授が最先端の医学や生物学の話をしてくれるなどのプログラムが目白押し。それに加えて、自分の長所・短所の把握、興味関心がどこにあるか、考え方にはどういう特徴があるかなども調べ、それらからも将来の夢を見つけ職業につなげていこうと言われるそうです。

「高校ではキャリアというのは職業のことだけではなくて、生涯を通してどう生きるかということだと言われています。でも、学校で紹介されるのがなんだかすごい人とかすごい職業ばかりなので、最近は、中学のときにいいと思った保育士の仕事なんかではダメなのかなあと思うこともあって……。今も子どもに関わる仕事をしたいと思っているのですが、高校では保育士がいいとはちょっと言いづらい雰囲気なんですよねえ……。ですから、やっぱりキャリア教育というのは、生き方どうのこうのというより、まずは将来の仕事をどうするかっていうことなんだとやはり思ってしまいます」

そういうと、彼女は「結局、自立したり働き続けるために必要な力が、保育士になるための力と具体的にどう違うのかがよくわかっていない気がする」と続けました。

社会に適応するにはコミュニケーション能力？ 自己理解？

近畿地方の高校二年生の男子生徒は将来、プロ野球選手の通訳になりたいと考えています。

「ウチの高校では、職業を考える授業にシェフとかパティシエとかゲームデザイナーとかプロボクサーとかが来て話をしてくれるんです。マジ、かっこいいですよ。この間は、カリスマ美容師とスタイリストという人が来てくれました。それで、自分もなんかそういうかっこいい仕事に就きたいなあと思うようになったんです。小学生のころ、野球チームにいたので、最初はプロ野球選手がいいと思ったのですが、中学のときに肩を壊してしまってもうだめだと思っていました。でも、学校の授業とかで野球に関わるにはほかにも仕事があると知ったんです。スポーツ新聞の記者とか球団に雇われて広報の仕事をするとか？　ただ、自分は国語が苦手だから記者はちょっと無理っぽいかと思って、それで通訳がいいかなあと思いました。国語よりは英語のほうがちょっとは成績もいいし。インターンシップは無理っぽいらしいので、英会話学校みたいな英語に関わる仕事のところに行こうと思っています」

彼は、プロ野球の通訳に的を絞って、今は英会話の勉強をしていると言いました。

「野球のことは好きだからいまさら勉強しなくてもいいですけれど、英会話はまったくできないんで（笑）。高校を出たら、英語の専門学校に行って通訳になる資格をとろうと思っています。通訳検定っていうのがあるんで。それをとったからって仕事になるとは限りませんけど、でも、資格があったほうがいいって先生たちも言っています」

そこで、彼に〝将来、社会に適応するための力〟についてはどういうものが必要か教わったか、あるいは自分ではどう考えているか聞いてみたところ、彼は即座にこう言いました。

「コミュニケーション能力です。僕らの世代は皆、コミュニケーション能力が不足しているんだそうです。学校で言われました。だから、コミュニケーション能力は身につけないといけないと思っています」

そこでコミュニケーション能力とはどういう力か、その力があれば社会に適応できると思うか聞きました。

「コミュニケーション能力って、自分が言いたいことを相手に伝える力のことでしょ？ そう思っていますけど。だから、通訳にも必要な力だと思っています。基本はコミュニケーション能力とか、仕事の技術とか資格があればいいんじゃないんですか？ なんか、学校ではそう言われたと思うけれど。あ、あと、自己理解が大切だって言われました。自分の性格の長所と短所とか、得意なところ不得意なところを知ることですね」

一方、近畿地方の別の私立高校に通う三年生の男子は、キャリア教育についてこう言い放ちます。

「仕事を調べろとか、自分のことを知れという授業が高一のときからいろいろありますが、どれもヤバいっていうか、マジ思いつかない。一応、書かないと怒られるので、自分の場合、適当に料理人って書いたんですが、あんまりその気はないっすね。好きなことを仕事にすればいい、それなら続くと言われましたが、自分ダンスが好きなんですけれど、それでプロになれるなんて思っていませんし。そこまでアホじゃないっす。だけど、勉強する気はもっとありません（笑）。

だいたい今の時代、働けって言われても自分の努力だけではどうにもならないっしょ。うちの兄貴は地元ではまあまあ知られた大学に行きましたけれど、就職口がないって焦ってます。今、大学三年ですけど。社会が悪いんじゃ、自分の力だけではどうにもなんないすよね。それなら、フリーターでいいやって感じです。

先生はフリーターには先がないって言ってましたけど、それってよくわかんないですね。だって、うちの近所に住んでいるオジサンたちで、フリーターっていうかアルバイトみたいな仕事をしている人、いっぱいいますよ。何やってんだかよくわからない、昼間からフラフラしている人（笑）。最悪、困ったら生活保護をもらえばいいって」

キャリア教育では社会に適応する力は学べない？

キャリア教育を受けたという中高生に何人も会いましたが、キャリア教育どうだった？と聞いて返ってくる話はだいたいこの三人のそれと似ていました。

つまり「好きなことや得意なこと、興味のあること、気になることからなんらかの職業をピックアップし、それについて学ぶ」というパターンか、「授業だからなんらかの職業はとりあえず書くけれど、本心としては仕事に定着することの意味や必要性をわかっていない、もしくはフリーターやバイトでもいいと思っている」というパターンです。

女子高生の中には「日本は男尊女卑だから女が働くのは損。早く結婚して、玉《たま》の輿《こし》に乗りたい。だから、自分の仕事はかわいくいること」と本気で考えている人もいましたし、男子高生の中には「親が、金のあるうちは、自分に合った仕事をゆっくり探せばいいと言ってくれているので当分ニート」と言う人もいました。

取材をして気がついたのは、多くの中高生が言う将来の選択と学校でのキャリア教育との関連がイマイチ不明瞭な点でした。「その結論なら、わざわざ学校が教えなくても遅かれ早かれ達したのでは？」と思えるケースが少なくなかったのです。

社会で不適応を起こさないためには何が必要なのかという認識は、ほぼ全員があやふやでした。コミュニケーション能力や協調性などをあげる人はそれなりにいましたが、その定義も千差万別。それぞれ勝手に理解しており、ましてや「必要だ」と言いながら、意識的に身につけるために何かやっているか、あるいはせめて「意識はあるか」と聞いても、答えられる人はほとんどいませんでした。

それよりも、たいていの中高生の関心は、その職業に就くために資格をとらなければならない、英会話をやらなければならない、いい大学に行かなければならないなど、目先の技術やノウハウをどう獲得するかにあったのが印象的でした。

3　小学校・中学校・高校の課題はどこにあるのか

大学の課題が「就職予備校化して、就職試験を突破する技術を手取り足取り教えることにエネルギーを注いでいる」ことにあるとするなら、小学校や中学校、高校における課題はどこにあるのでしょうか。

イベント化するキャリア教育

公立中学校でキャリア教育を立ち上げたというある教師は、キャリア教育の課題をこんなふうに分析していました。

「いろいろな中学校がやっているキャリア教育の内容を調べましたが、結局は、自分たちで会社を作って経営してみるのか、農業などに従事してみるのか、どこかの会社で働かせてもらうのか、どこかの会社に企画を売り込んでみるのかなどで、バリエーションはあるようであまりないんです。

職業体験に至る過程も、国語や道徳の時間などをつかって自分を知る作業をやり、班で話し合って他者を理解し、ディベートなどを行なってコミュニケーションの力をつけるなど、これも広がりがあるようであまりないように感じています。

やっていて思うのは、よほど意識しないと一過性《いっかせい》のイベントで終わってしまいがちだということ。こういうイベント化については、今後の課題でしょう。

それから、子ども側の課題もあります。

キャリア教育でなにかを学べる子は確実にいますが、全然変わらない子もいます。変わらない子は、社会人になることや仕事に定着することの意味や必要性がわかっていなかったりするタイプ。こういうタイプは『フリーターでもいい』『お金持ちにならなくてもいい』『ストレスをためてまで働きたくない』『好きなことだけをやって生きていきたい』『嫌な人や苦手な人とは関わりたくない』と考えがちです。保護者がそう考えている場合もありますが、保護者はそうは考えていないのに『親のように仕事ばかりして生きるのはイヤだ』と言う子もいます。

そしてこういう子はキャリア教育だけでなく、成績も運動も友達関係もパッとしなかったりします。いじめにも遭《あ》いやすい印象ですし、不登校になりやすい気もします。こうなると、ホントにお手上げ、指導に手間暇がかかることになります。

その一方で、学ぶことができる子どもたちを含めて、どの子も、昔と比べると自分の将来を描くことが難しくなっているように思います。夢を持ちにくい社会とよく言われますが、最初から大きなこと、できそうにないことは考えてもしょうがないと思っている子が驚くほど多い。またこちらがレールを敷いてやると乗ってくるけど、自分では考えられない子も多いです。情報は常に与えられるものだと思っている生徒は、勉強ができるできないにかかわらず、本当に多いのです。

だからこちらも、好きなこと、得意なこと、できる教科などから仕事をイメージする方法などを教えたり、いろいろな分野で働いている人の話を聞かせたり、ＮＰＯの人に来てもらったり、ボランティアをやらせてみたりと、あらゆる手法をやってみているのですが……」

一方、ある公立高校で長年進路指導をしている先生はこう考えていました。

「最近は、福祉や情報、水産、家庭、看護、理数、体育、音楽、美術、外国語など、より職業に近い専門学科を設置した高校が増えていますが、こういう高校に通っている生徒のほうが、インターンシップは具体的にイメージしやすいでしょうし、成果も実感しやすいようです。

難しいのは、いわゆる中・底辺高校の生徒たちや、専門学科の生徒でも自ら選んでそこに進学したのではなく、内申点などから教師に指導されて入学しただけというような生徒たちです。

こういう生徒たちの多くは、無気力で自己評価も低く、将来やりたいこともなければ、好きなことや得意なこともないと言い切る傾向が強いです。いじめに遭ったり不登校になったりする傾向も強いし、中退する率も高いというのが私の実感です。

また『フリーターでもいい』『好きなことだけをやって生きていきたい』『嫌な人や苦手な人とは関わりたくない』と考える生徒も、勉強ができるとかできないとか、偏差値が高いとか高くないとかにかかわらず、どこの高校にも一定数います。どちらも正直言って、指導するのは難しいですね」

成果がないのは子どものせい、はおかしい

両先生の言い分には一理あるかもしれません。イベント化、というのはたしかにそういう面はあると私も考えます。

と同時に、中高生や教育現場の取材を通して、私には課題は別なところにあるようにも思

えてなりません。

一つめの課題は、進路指導が徐々に「目先の進学や就職のことをターゲットにした出口指導」に変貌していったように、キャリア教育も「職場体験やインターンシップなどを通して仕事に関する知識を得たり、体験を積むだけの職業選択教育」だけになっているのではないかという点です。

少なくとも前項で紹介した小中高校生たちのケースは、いずれも「将来の仕事を考える」という意味で人生設計能力に関わる指導にはなっているかもしれませんが、本人たちが将来、社会に適応していくためには、人間関係形成・社会形成能力や自己理解・自己管理能力、課題対応能力が必要で、それらを身につけなければならないと実質的に考えるまでには至っていないことがうかがわれます。具体的なイメージが摑めていないのです。これは、彼らとのやりとりでも明白でした。

二つめの課題は、この章に登場した教師たちが「子どもたちに指導が入らないのは子どもたち側に問題があるから」と捉えている点です。

効果が上がらないのは、その子にやる気がないから……。本当にそうでしょうか。

やる気がない、自己評価が低い、仕事に定着することや社会人になることに意義を感じていない子にはキャリア教育は難しい、と言うのは、お客さんの質が悪いからレストランが繁盛しない、と言うのと同じこと。言うまでもなく、これは指導する側にも問題があって、指導を受ける子ども側だけのせいにできることではないのです。ところが、レストランならツブれますが、教師は仕事を失うことはありません。学ぶべきことを学べなかった子どもだけが損をすることになるのです。

大津の市立中学校で起きたいじめ自殺問題からわかること

わかりやすい事例があるので紹介しましょう。

二〇一二年夏、日本は大津市の市立中学校で起きた、いじめが原因で中学二年生の生徒が自殺した事件で激しく揺れました。

実はこの中学校は二〇一〇〜一一年度にかけて文科省の道徳教育実践研究事業の研究開発校に指定され、道徳の授業を使っていじめについての研究を行ない、その成果が同省のＨＰで発表されるような学校でした。つまり、国からお金をもらって、いじめについての指導方法を研究し実践している最中に、校内では激しいいじめが繰り広げられていたわけです。

一方、滋賀県では二〇〇七年度から「中学生チャレンジウィーク（五日間の職場体験）」

というキャリア教育を推進しており、これもこの中学校で行なわれていました。いじめが横行している最中にも、子どもたちはキャリア教育を学び、中学二年になると県内のあらゆるところに職場体験に行っていたのです。

いじめ予防の授業を行なっていたのに、いじめが横行していたということは、税金を投入して行なわれていたいじめ予防の授業が形骸化《けいがいか》していた証拠です。いじめ予防の標語や講演会なども、すべて一過性のイベントに過ぎなかったと言えます。

また、激しいいじめという他者の権利を侵害する暴力行為が行なわれていたわけですから、この学校の生徒の中には、キャリア教育の目標とされる人間関係形成・社会形成能力も自己理解・自己管理能力も育っていない人が、少なからずいたことは明白です。

そもそもいじめが横行するような安心でも安全でもない環境に置かれたら、誰でも自分の身を守ることに精一杯になり、ほかのことを身につけるために割くエネルギーなどありません。そのことに気がつかないまま行なわれていたキャリア教育もまた、イベント化、形骸化していたのではないかと私は考えます。

要は、「いじめ予防教育やキャリア教育をやった」といっても、ターゲットにしているスキルが子どもたちに定着しなければ「やったことにはならない」のです。これは教育する側の自己満足的指導でしかありません。そして、残念ですが、こういう指導を展開する学校は、全国津々浦々、どこにでもあり、大津市のこの中学校だけの問題ではないのです。

この大津の市立中学校は、教育がイベント化・形骸化したらどうなるかを悲劇的な方法で日本中に提示したのだ、と言ったら厳しすぎるでしょうか。

結局、キャリア教育といってインターンシップなどに力を入れても、「それだけ」では将来、仕事に定着したり社会に適応できるような力がつくとはいえないのです。一部、成果が上がらない子どもがいる、という単純な話ではありません。

少年院にいるような非行少年も含め、数多くの子どもや若者たちを取材してきた私は、〝最初から〟勉強なんかできなくてもいいと思っていたり〝最初から〟やる気がない、将来なんかどうでもいいと思っている子などいないと確信しています。

だから、前述の教師たちが指摘する「（こういう子たちに共通するのは）勉強も運動も苦手で、友達関係もヘタ、集中力もやる気もなく、好きなことも将来やりたいこともない」には、100％賛同できないのです。

そうなるには、「みんなができることができなかったけれど、誰もどうしたらいいか教えてくれなかった」「いじめられていたけれど、誰も守ってくれなかった」「転校ばかりしていて、自分ではどうしようもなかった」など、それなりの理由が必ずどこかであったはずです。子ども同士や、子どもと教師との間に人間関係が育ち、相互に信頼や尊敬の気持ちが育ってはじめて、教育現場は安心安全な学びの場になります。

そのうえで、無気力だったり絶望していたりする子どもも含めて、すべての子どもの特性を踏まえつつ、学校・学級を経営し、ターゲットを明確にした指導を行なう。しかも、指導効果も確認する。こういった一連のことを実践して初めて、教育は期待するような効果を生むと取材を通して実感しています。

「働くことを教え、社会人になるための総合的な力を養わせる」キャリア教育も同様です。

家庭に問題はないのか?

さらに言うと、課題は学校にだけあるのでしょうか。

もちろん、そんなことはありません。家庭環境にも、ある種の問題が見られるのは間違いありません。

これまで紹介した事例から見てみましょう。

情報通信業の営業部で働く二年め社員（第一章【ケース6】）は、ゴミを平気で床に捨てていました。両親は官僚と大学教員で、本人も名門私立大学卒業でした。ですが、「ゴミはごみ箱に捨てる」という、幼児のときに学ぶべきしつけすら身についていませんでした。

朝起きることができない、遅刻するときに電話連絡一つ入れられない、時間を守ることができない新入社員は政府系金融会社にもいましたし、保険会社にもいました（同【ケース5】【ケース7】）。これらも、小学校の段階で獲得すべき社会性です。

また、息子の職場に退職願いの電話を掛ける母親や、新人研修がきついといってクレームを入れる母親もいました（七七ページ）。これらが社会通念上、マナー違反であることは言うまでもありません。

息子の様子を見に行ってほしいと大学に頼む保護者もいました（九八ページ）。これが、教授の本来の職務を超えた要求だという自覚は、保護者側にはありませんでした。

子どもの就職活動に対して、手取り足取りの指導を大学側に求める保護者も少なくありません。これを裏付けるものに、ベネッセが二〇一二年三月に全国の大学生の保護者六〇〇〇名に対して行なった調査があります。それによると、「就職に役立つ知識やスキルを身につけること」は「大学で責任をもって指導・支援すべき」と考えている保護者が全体の三割、

「将来の進路や生き方を考えること」も「大学で責任をもって指導・支援すべき」と考えている保護者が全体の二割弱いました。

その結果が、坪田さんが行なっていたキャリアセンターでの仕事であり、法政大学のHPにあるような「保護者の方々から、客観的に見たお子様の強みなどをお伝えいただけるとご本人にとってより効果的かと思います」など（九四ページ）、成人した子を持つ親に言うことかと首をかしげたくなるような、過剰なまでの情報提供につながっています。

中高生たちの中にも、「自分に合う仕事が見つかるまでは家にいればいい」「働いても家にお金は入れなくてもいい」「無理に仕事につかなくても、生活保護をもらえばいい」などと保護者から教わったという子もいました。保護者の中にも社会人としてどうかと思う人がそれなりにいる、と考えるのは、私だけでしょうか。

学校も親もイマイチだと気づいたら

誰でも、自分の親は社会に適応できる価値観や倫理観を持っている、と思っているかもしれません。ですが、こうやって他者の視点を通して俯瞰《ふかん》して見てみると、そうとも言いきれない場合もあることに気づきます。

問題はそういった社会通念からズレた価値観や倫理観が「家庭」「家族」という空間の中だけにいたら、なかなか自分自身では気づきにくいこと。だからこそ、若いうちからいろいろな人と関わることが大事なのです。そしてズレに気がつくことができたら、それは喜ぶべきこと。いくらでも自分で修正していけるからです。

でも……。

もし、今の自分も学校も親もイマイチかもしれないと気づいたら、いったい何をすべきなのか。今からでも、できることはあるのか……。

大丈夫。あります。

それがこの本の核心です。

次の章から、自立して社会に適応できる人間になるためにはどうしたらいいか、その考え方とコツをお話しします。

第三章　社会に適応できる、自立した人間になるために必要なこと

1　「自立する」とはどういう意味か

さて、ここまで、仕事に定着するのが難しい二十代の若者たちの言い分、そういう新人たちを受け入れる企業の考え、そういう若者たちが学んできた教育現場の現状や課題、家庭の問題などについて見てきました。

いよいよ、本題の「どんな環境で生まれ育っても、社会に出てから不適応を起こさないためにはどうしたらいいか」について話を進めましょう。

ただ、その前にとても大事なことを確認しておかなければなりません。

それは、「自立について」です。

私は長年、なかなか社会に適応できない若者たちに講義をするたびに、「自立とは何か」「なぜ自立することが大事なのか」と尋ねてきました。

すると、たいていこういう答えが返ってきます。

・自立とは、親元を離れて独りで暮らすこと。
・自立とは、自分で生活費を稼ぐこと。
・自立とは、自分のお金で独り暮らしをすること。

確かに、広辞苑には、

「自立とは他への従属から離れて独り立ちすること。他からの支配や助力を受けずに、存在すること」

とあります。そのため、こういう捉《とら》え方が広まっているのだろうと思いますが、若者たちのこういう答えは一面的であり、正しいとは言えません。

実際、こういった理解だけで自立するのは難しいのです。

なぜなら、人間はみんな、一人で生きているわけではなく、社会の中で生きる存在だからです。

そう説明すると、

「自分は、山の中で誰《だれ》とも関わらず、自給自足の生活をするから、〝自分のお金で独りで暮らすこと〟というのが正しい」

と強調する人もよくいます。

しかし、この考えにも疑問が残ります。なぜなら、まず、日本国民である以上、勤労や納税の義務があります。それから、憲法の理念をはじめ、法律や社会規範、社会通念に従わなければなりません。具体的に考えてみると、山にこもって独りで自給自足の生活をするといっても、汚水は出るし空気も汚します。それらの処理のことを考えても、「誰のことも恃《たの》まず、まったく独りで暮らす」ことは非現実的です。それに、一人で生活するといっても急に病気になったり、犯罪に遭《あ》うかもしれません。

自立することの意味を正しく理解しなければ、真の自立を目指すことなどできるわけがありません。

自立のポイントは「他者とともに生きる」こと

自立の定義はさまざまありますが、社会人になるという視点に立ったとき、自立には、経済的自立、社会的自立、そして精神的自立と三つの側面が大事になってくると言えます（ほかにも身辺のことを人に頼らずできる「生活自立」もあります)。

経済的自立とは、

「保護者のお金に頼らず、自分で収入を得て生活できるようになること」

だけでは不十分で、

「自分で経済的価値を生み出す」

ことが含まれます。

給料分以上の経済的価値を生んでいないのにお給料をもらうということは、養ってくれているのが親から会社に替わっただけのこと。すべての人がこの発想であれば、社会の経済は成り立っていかないのは自明の理です。

社会的自立とは、

「社会の中で他者との人間関係を構築しながら、社会の一員として生活すること」

で、ここには「社会貢献をする」といったことも含まれます。

本書に登場した若者たちは「働くときに他人など関係ない。上司にどう思われようが成果さえ出せばいい」と考えがちです。これでは「社会的自立はできていない」ということになります。

精神的自立とは、

「自分の言動に責任がとれ、自分の人生に起こった問題に対して選択し決定できること」

であり、

「自分の周囲に起こる問題を解決でき、また他者と協働しながら目的を達成できる」

ことです。「誰にも頼らず一人で生きる」ということではありません。

自立に関しては、本が一冊書けるほど深淵《しんえん》なテーマなので、ここでは簡単に触れるだけにしますが、要するに自立のポイントは、「他者とともに生きる」ことにあるのです。

だから自立するとは、自分が生きている社会に貢献し、その社会が少しでもよくなるようにすることでもあります。

たとえば、経済的に自立することとは、「自分だけ生活できればいい」ということではなく、「自分の行なう経済活動が、自分の生活も支え、ひいては社会全体を少しでも潤《うるお》すことにつながる」ことです。

自分の行なう経済活動が自分の生活だけでなく社会もよくする……。この結果は、当然、自分自身に返ってきます。というのも、経済的に少しでも潤《うるお》えば、自分が住む社会は今よりももっと豊かになり、豊かになれば治安も向上し、生活の質もよくなるなど、プラスの連鎖が起こる可能性が高まるからです。

つまり、真の自立を獲得するためには、「自分さえよければいい」「勝ち組になりさえすればいい」というような独善的な考えや、「嫌な人・苦手な人とは付き合わない」という排他的な考えではダメなのです。そもそも社会は「人間と人間の関わり」で成立しているものですから、自立のためには根本的に「人としての誠実さ」や「良心」が求められます。簡単に言うと「誠実さ」とは嘘《うそ》をつかないこと、「良心」とは心の痛みを感じることです。こういったものがなければ、社会的な信頼を得られず、社会に適応していくのは難しいと言えます。

自立の真の意味を知ると、これまで登場した社会に適応しづらい若者たちの課題がどこにあるか、おぼろげながら見えてきます。

自立するための〝武器〟を獲得しよう

「自立した社会人になる」ためには、社会に出る前に最低限の準備をしておかなければなりません。

この準備とは一言で言うと、「人とつながる力を養う」ことだと私は思います。

社会学ではこのことを、「ソーシャルキャピタルを獲得する」と言います。ソーシャルキャピタルとは、人間関係資本と言われるもので、人との信頼関係とか人脈とのこと。それが社会に適応するための、いわば元手＝資本になる、という考え方です。自立とは何かを考えれば、当然のことですね。

つまり、「人とつながる力」こそが、自立した社会人になるための、いわば〝武器〟になるのです。

もちろん、社会人になるための〝武器〟には、英語ができる、数学ができる、運動ができる、学歴がある、コミュニケーションの力がある、などもあります。今後、社会がどう変わっていくかわからない以上、少しでも多くの〝武器〟を持っていたほうが適応しやすかったり、生き残りやすかったりするのは言うまでもありません。でも、これらは〝武器〟の一つではあるかもしれませんが、これらがあればどんな社会であっても不適応を起こさずにやっていけるか、といったら、必ずしもそうではありません。それは、第一章に登場する若者たちのケースを思い出せばわかると思います。

2　リスク要因と保護要因という考え方

では、どうすれば、その「人とつながる力」という〝武器〟を獲得できるのか。そのために有効な考え方に、これからお話しする「リスク要因と保護要因」があると私は考えています。

長年の取材経験から、社会に出てから不適応を起こさないためのヒントは、「逸脱を考える学問」、つまり、公衆衛生学や犯罪学などの社会科学にあると私は確信しています。こういった学問は、人はどうしたら社会で不適応を起こさないか、ということを研究しているからです。「リスク要因と保護要因」という考え方は、これらの学問の知見です。

「人とつながる力」は弾力を養うことから

誤解のないように記しておきますが、自立したり、社会参加したり、働き続けたりできないことが、必ずしも社会から〝逸脱する〟ことにつながる、と考えているわけではありません。ましてや〝就労できない〟イコール反社会的な行動をとる予備軍、ではありません。そのところは間違えないようにしてください。

では、なぜ、「働くために必要なこと」というタイトルの本の中で、そういう学問の知見を紹介するか……。

実は、反社会的行動とは、法律に触れるような行動のことだけを言うわけではありません。

基本的に、社会的規則及び他人の基本的人権を侵す行動すべてを指します。具体的には、短気ですぐかんしゃくをおこす、嘘をつく、暴言を吐く、人を傷つける発言をする、反抗するという比較的軽微なものから、暴力をふるう、盗む、殺人を犯すという重い攻撃行動まで、他者の権利を奪う、攻撃性を含んだあらゆる行動を指します。

そしてこの視点から考えると、第一章に登場した若者たちの中には、なんらかの攻撃性や衝動性を持っている人が少なくないことに気づきます。

だからこれらの学問の中には、将来、社会人になるときに知っておいたり、実際に身につけておいたほうがメリットになる要素がいくつもあると、私は長年の取材を通して実感しているのです。

簡単に言うと、リスク要因とは、問題行動や非行などの社会不適応を起こす可能性を上げるもののことを言い、保護要因とは、社会不適応を起こす可能性を予防するもののことを言います。

学者たちは、

「リスク要因がたくさん重なり、保護要因が少ないときに反社会的行動をとる」

と言っています。

けれども、たいていの子どもはどれだけたくさんのリスク要因があっても、なんとか社会を生き抜いていけます。これは、そういう子どもたちには弾力があるからだと考えられています。

弾力とは、もともと物理学の言葉で「外力による歪みを跳ね返す力」です。それが精神医学や心理学、公衆衛生学や犯罪学に広まっていったものです。定義はいろいろですが、ここでは「不利な状況だったり失敗しても立ち上がって、適応していくしなやかさ」のことだ、と考えたいと思います。そして、じつに多くの研究者たちが、保護要因を強化することで、この弾力を養うことができると言っているのです。

働きたいのに働き続けることができない若者たちを見ていると、保護要因が少なくて、「弾力」が十分に養われていない気がしてならないのです。弾力が脆弱《ぜいじゃく》だからこそ、社会に出てから人とつながる力も弱いのだろう、と考えています。

リスク要因にも保護要因にも、個人、家族、学校、友人、地域と五つの領域があり、それぞれの領域にいろいろな要素があります。

学者によって微妙に差はありますが、ここでは学校、家族、個人のリスク要因について箇単に紹介しましょう（146〜147ページ参照）。

リスク要因を減らし保護要因を増やす

リスク要因には、それぞれの要因に影響度と言ってのちの犯罪や非行などを含む反社会的行動をとる可能性の高さを示すスケールもありますが、ここでは触れないでおきます。大切なことは、リスク要因の中には、変えやすいものと変えにくいものがあるということです。

たとえば、過去に誰かから暴力を受けたとします。これは、「暴力被害」というリスク要因の一つです。しかし、「過去に起こったこと」なので、「暴力を受けたという事実」は変えられません。こういうリスク要因を「変えにくいリスク要因」と言います。

一方、「衝動性が強い」というリスク要因なら、自分が「衝動性が強い」と気づいてさえいれば、対処することは可能です。こういうものを、「変えやすいリスク要因」と言います。

学者たちは、

「『変えやすいリスク要因』を少しでも変えて減らし、『保護要因』を積み上げて弾力を養うことが将来の社会不適応を防ぐ」

と言っています。社会に出るまでに獲得したい〝武器〟は、「リスク要因の軽減」と「保

リスク要因

【学校】
小学校からの低い学力
学業成績の低さ
小学校三、四年生レベルの読み書きができない
学校にいかない
ルールに価値を見出さない
友達からの拒絶
学校内での孤立
教師との関係の失敗
モラルの低い教師／生徒
教師の指導力不足　など
【家族】
貧困
暴力親和性の高い両親や地域
厳しすぎる、もしくは一貫性のないしつけ
愛着不足
家族内葛藤
養育能力の欠如
児童の被害と虐待　など
【個人】
非行的な信念（犯罪者的思考パターンがあると言われる）
衝動性や攻撃性が強い
攻撃性や暴力の早期発現
時間感覚の欠如（将来起こる結果を予測する力が弱い）
感情（特に怒り）のコントロール力が弱い
ストレスに弱い
反抗
仲間からの拒絶
暴力被害ないし暴力にさらされた経験（目撃も入る）
罪悪感・共感性の欠如　など

保護要因

【学校】
面倒見のよい支持的な成人の存在と関与
生徒に対する高い期待
学校の質の高さ
明確な基準とルールがある
学校への向社会的なかかわりの機会
学校に対する前向きな態度
生徒と教師、生徒同士の社会的絆《きずな》
平均を上回る学業成績
読み書きのスキル
学習スタイルを考慮した指導
芸術、音楽、運動などを含めた豊かなカリキュラム　など
【家族】
効果的な子育て
親との良好な関係
家族とのつながり・愛着
家族との向社会的な関わりの機会
子どもに対する期待の高さ　など
【個人】
社会的能力
問題解決スキル
自律性（セルフ・コントロール力）
自己効力感
自尊感情（セルフエスティーム）
前向きな態度／将来への楽観
自分への高い期待
健康的で伝統的な信念と明確な基準
成人および友人から社会的サポートを得ているという認識　など

護要因の強化」によって得られるのです。大切なことは、反省文ばかり書くなどして過去に起こったリスクに集中的に対処するのではなく、その後、動的にどうするかが大事だと考えているわけです。

ただし、注意点を一つ。なにかのリスク要因があるから自分はダメだ、とか、こういう保護要因があるから大丈夫、などと安易に〝いい・悪い〟で考えてはいけません。

人間はそんなに単純ではありません。

誰でもいろいろなリスク要因を持って生まれるのです。リスク要因がたくさんあるなら、少しでも変えられるリスクを変えるなどして管理すればいいし、保護要因を少しでも増やせばいい。それだけのことです。

そのためには、自分にどんなリスク要因や保護要因があるか知る必要があります。

自分を知ることを「自己理解」と言い、リスク要因や保護要因などを含め自分自身に気づくことを「セルフ・モニタリング（今の自分の状態を俯瞰《ふかん》して理解する）」と言い、リスク要因を自分で管理することを「セルフ・コントロール（自分で自分を管理すること）」と言います。

この「自己理解」「セルフ・モニタリング」「セルフ・コントロール」はすべて、将来、社会に出たときに不適応を起こさないための大切なキーワードです。

ちなみに、欧米の学者たちは、このリスク要因とか保護要因を、「子どもや若者など、本人が自分で分析して自分でなんとかする」ものとしてではなく、「保護者や教師など子どもの周りにいる大人に対して、こういうことを目標にして子どもを育てたり指導していけば、将来の不適応を少しでも減らすことができる」という意味で研究しています。

しかし、我が国では、こういうことはほとんど知られていません。親も教師も知りません。だからこそ、こういった視点で、これからの自分自身を育てて、「人とつながる力」という〝武器〟を獲得し、社会に適応する準備をしていく必要があると思うのです。

3　教育現場をリスク要因と保護要因の視点から見てみる

前述の、滋賀県大津市立中学校で起こったいじめ自殺事件を例に考えてみます。

当初、学校は被害者の保護者に「いじめはなかった」と言い、全校生徒に対して行なったアンケート調査の結果も隠しました。

教育委員会も学校側に寄った態度だったので、被害者の保護者がマスコミに訴え、民事訴訟を起こすという事態になりました。

このころ、テレビなどでよく見聞きしたのは「学校や教育委員会がひどすぎる」「被害者がかわいそう」「加害者を少年院に入れろ」といった感情に基づくコメントでした。

いじめに限らず、こういった悲劇的な事件が起こると感情面だけから事態を捉えやすい。それを否定するわけではまったくありません。

ただ、こういった事件に立ち合うことになった子どもたちが、将来、自立して社会に適応するために何をすべきか。そういう視点に立ったとき、「リスク要因と保護要因から考えて、状況を分析し、問題を整理して、解決策を見つける」考え方や姿勢は有効です。問題がどこにあるか把握できるようになれば、解決への道筋が発見できます。

管理主義にのみ偏った教育はリスク要因を上げる可能性がある

この事件を受けて、取材をしていたところ、いくつか似たような意見を中学生や高校生から得ました。

「大人はピリピリしすぎる。僕らがちょっとふざけていても、いじめはダメだと生徒指導の先生に呼び出された。だれもいじめなんてやっていないのに、なんでもかんでもいじめに結びつけられて、友だちとフツウに付き合いづらくなった。先生たちが気にしすぎる」教師が子どもたちの逐一をチェックしてコントロールするのは「管理主義にのみ偏った教育」です。

こうした教育では、管理する人とされる人という支配‐被支配関係になるので、教師と生徒の間には、なかなか社会的絆（信頼や関わりなど）が育ちにくくなります。

社会的絆が育たなければ、「教師との関係の失敗」「学校の雰囲気の悪さ」「学校への否定的な態度」「学校との結び付きの弱さ」など、学校領域におけるリスク要因が上がることは容易に推察できます。

また、支配‐被支配を基本とした関係では「面倒見のよい支持的な成人の存在と関与」とか「生徒に対する高い期待」「学校に対する前向きな態度」などといった、学校領域における保護要因も積み上げることができません。

つまり、管理主義にのみ偏った教育をすると、管理者がいる前でのいじめの予防にはなるかもしれませんが、ほかのリスク要因が上がり保護要因が下がるので、結果として、そうした教育現場に置かれた子どもがいじめを含む反社会的行動をとる可能性が強まります。

だから、これでは問題は解決しないのです。

では、よく学校や教育委員会がやるような、いじめがあったことを隠す行為についてはどうでしょうか。

「事実を隠された人の心が傷つく」というような心理的な側面は、もちろんあります。

しかし、リスク要因から考えると、嘘をつくとは、すなわち「ルールに価値を見出さない」ことであり、そのような学校や教師とは信頼など構築できないでしょうから「教師との関係の失敗」にもなりますし、嘘をつく段階で教師としては「モラルの低い」ことになります。

さらに、そういった学校に対して、子どもや保護者も「（学校への）否定的な態度／結びつきの弱さ／学校への愛着・コミットメントの低さ」につながるでしょう。

これらは「学校の雰囲気の悪さ／学校のまとまり・機能の悪さ」などにもつながり、リスク要因は増える一方です。

だから、「事実を隠ぺいする」という方法では、問題は解決しないどころか、悪化するのです。

一方、個人のリスク要因という観点から考えると、いじめは「仲間からの排除」であり「被暴力体験」ですから、いじめられている子も、いじめをそばで見ている子もリスク要因が上がることになります。

いじめ問題一つとっても、リスク要因と保護要因という視点から考えていくと、その対応がいいのか悪いのか、その対応ではどういう影響があるのか、全体像が見えてきます。

弾力は自分で身につけることができる

では、自分や学校には、「リスク要因が多い」と思ったら、どうしたらいいか。

答えは簡単ではありません。でも、まずは、リスク要因の中でも自分自身が変えられそうなところは変える努力をし、保護要因の中でも、学力をつける、セルフ・コントロール力をつけるなど、自分で養えそうだと思うところを増やす努力をして日々を生きることです。

ここで、思い出してほしいのは、本章第2項の冒頭で紹介した「弾力」のことです。

研究者たちは、弾力のある人の特性として、

「社会的能力が高いこと」
「自発性が高いこと」
「欲求不満耐性が強いこと」
「困難を跳ね返す力があること」

「物事を諦《あきら》めないこと」

「人から好感がもたれること」

「楽観的であること」

「大人を引き付ける魅力があること」

「問題解決能力が高いこと」

「目的意識やセルフ・コントロールする力が高いこと」

「先を見通す力があること」

「自尊感情が高いこと」

「自己効力感が高いこと」

「自分のことを理解し、短所を乗り越える力があること」

「社会的に望ましい行為をして社会に貢献する傾向が高いこと」

だと言っています。


こうやってみると、弾力があるということは、保護要因をたくさん持っているということに等しいことがわかると思います。

保護要因を持つためには、まず「何が」それに当たるのか知り、その「何か」を身につけようと意識することが第一歩です。

4　家庭環境をリスク要因と保護要因の視点から見てみる

学校だけではありません。

家族もいろいろリスク要因を抱えています。

保護者も社会の一員ですから、急激に変化している社会状況に否応なしに飲み込まれていきます。それでもなんとか子どもには少しでもいい家庭環境を提供したいと考えるわけですが（そうではない家族も中にはいるでしょうが、それもまた現実です）、前述したように、ほとんどの保護者はリスク要因や保護要因といった考え方を知りません。

ですから、子どもに対して望ましいことをしているつもりで、不適切なしつけや指導をしているケースも少なくないのです。それが結果として、子どものデメリットになることはよくあることです。

なぜうまく子育てができなかったのかわからない母親

現在小学五年生の不登校の息子がいる母親は、こんなことを言っていました。

「いろいろな子育て本を読んで、『褒《ほ》める子は伸びる』『子どもは褒めて育てよう』と、とにかく褒めればいいと書いてあったから、毎日どんな些《さ》細《さい》なことでもひたすら褒めています。叱《しか》らなければいけない場面は無視して、いいところだけを見るんです。毎日、いいとこ探しをしていました。

それから男の子だからこそ優しい子どもに育てたいと思っていたので、生まれて一度もほかの子どもと競わせないできました。おもちゃを貸す貸さないという場面でも、100％譲ることだけを教えてきたんです。

ところが、小学校にあがったころから、なんだか周りとうまくいかなくなりました。サッカーチームに入れたんですが、〝ボールを奪い合うのは人を蹴《け》落《お》とすことだからやりたくない〟と言いました。水泳大会のときも〝自分だけが選抜チームに入るのは嫌だ〟と言って辞退してしまいました。体育の授業でもドッジボールをするときに、敵のチームにボールをぶつけないため、他の子が怒り、揉《も》めごとになりました。

そういうことが続いて、だんだんいじめられるようになってしまって……。本人はそんな学校には行きたくないと言って、今は家にずっといるのですが、このままでいいのかどうか……」

また、大学を中退して家に引きこもり、家庭内暴力をふるっている二十六歳の男性の母親は、「息子がなぜこうなったのかわからない」と言ってから、子育てについてこのように話します。

「小さいときは勉強もできて頭もよくていい子だったんです。たいした反抗期もなくて。友達がすごく多いわけではなかったですが、明るく、難しい本をよく読むような子でした。それが、大学に入ったころから、うまくいかなくなってしまって……。

結局、大学を中退することになってしまったんですが、それ以来、家にいて暴れるんです。『オレは負け組じゃねえ』と怒鳴《どな》りながら、壁を壊し、窓ガラスを割ります。もう私も本当に怖くて怖くて、どうしたらいいかわからないいんです……。息子がこうなってから、夫はまったく息子にはかかわらなくなりました。

昔はいい子だったんですよ。うちは私も夫も大学教員だということもあり、彼に対する期待が高かったのかもしれません。

夫は『世の中には勝ち組と負け組しかいない』と常日頃から言い続けていました。そういうこともあってか、息子は高校から名門大学の付属に入り、成績はいつもトップクラスでした。勉強がいちばん大事だと考えていましたから、息子には家事手伝いはさせたことがありません。高校時代も大学生になってからも、一切働かせたことはありません。アルバイト経験はもちろんゼロです。

結局、引きこもっている今もアルバイトもなにもしていません。本人には一週間に一回、数万円を渡していて、彼はそれで暮らしています。今でもよく『オレがこうなったのはお前らのせいだ』と言って、暴れます。

あまりに暴力がひどくなったので警察の方に来ていただいたこともありました。でも、事態は変わらなくて……」

自分で困難を乗り越える経験が保護要因を養う

これらのケースを先ほどの学校の問題を考えたのと同じように検討してみます。

最初のケースでは、保護者は「ひたすら褒めるだけのしつけ」をやり続け、「一切競争させない」ことを徹底しました。

これらだけだとしたら、保護要因である「効果的な子育て」にはなかなかなりませんし、本人の保護要因である「セルフ・コントロール力」や「フラストレーションに負けない」「自己効力感」などが育ちにくいといえます。

なぜなら、たとえば「フラストレーションに負けない」ことは、フラストレーションを感じてそれを乗り越える経験をして初めてわかることです。「セルフ・コントロール力」も、ストレスを感じて、それをガマンするなど自分で自分を管理する経験がなければ身につきません。

次のケースでは、保護者は「とにかく勉強さえすればいい」とか「勝ち組になればいい」と教えてきました。

こういったしつけでは「親との良好な関係」は築けないでしょうし、「家族とのつながり・愛着」も形成されないでしょうし、「家族との向社会的な関わりの機会」にもなっていません。また、保護者のこういった偏ったしつけは、本人が「社会的能力」や「問題解決スキル」「セルフ・コントロール力」、「フラストレーションに簡単に負けない」などの保護要因を養うのを阻害する一因にもなります。

答えは先ほどと同じです。

家族のリスク要因を変えることができなくても、自分のリスク要因や保護要因を変えていくことは可能です。リスク要因だと思うものの中で変えられるところは変える努力をする。

そして、保護要因の中でも、自分で養えそうだと思うものを増やす努力をして、日々を生きる。

まずはそのレベルから始めること。それらがすべて、「将来、社会に適応し、自立した社会人になる」ための〝武器〟になっていくのです。

参考文献

Bernard, B (1993), Fostering resiliency kids, *Educational Leadership* 51 (3), pp. 44–48.

Brooks, R (1994), Children at risk: Fostering resilience and hope, *American Journal of Orthopsychiatry* 64 (4), pp. 554–553.

Gottfredson, G (1987), American Education: American Delinquency, *Today's Delinquent*, pp. 5–70.

Hawkins, J (1995), Controlling crime before it happens: Risk-focused prevention, *National Institute of Justice Journal* 229, pp. 10–18.

Kats, M (1994, May), From challenged childhood to achieving adulthood: Studies in resilience, *Chadder*, pp. 8–11.

第四章　自分の特性を理解すれば、道はきっと開ける

1　第一章に登場する若者たちは、なぜうまくいかなかったのか

自立した社会人になるためには、「人とつながる力」を獲得することが大切で、そのためには、自分にどのようなリスク要因と保護要因があるのかを理解し、リスク要因を下げ保護要因を上げて弾力を養えばいいのだ、という話をしました。

自分のリスク要因・保護要因を知るためには、なにより「自己理解」が大切です。「自己分析」なら、就活でさんざんするではないか、とみなさんは思うでしょう。でもここで言う「自己理解」は、キャリア教育で行なう「自己分析」とは少し違います。営業向きか開発・技術系向きか、ということ以前に知っておきたい「本人の脳科学的特性」というものがあるのです。

そのことを、第一章に出てきた、仕事に定着できない若者たちの例から見てみましょう。

【ケース1】熊谷さんの場合
聞いたことを理解する力や注意力・集中力の弱さ
作業記憶力の悪さや衝動性の高さなど

熊谷さんが大学卒業後に就職したメーカーを二年弱で辞めたのは先輩や上司から「すぐに〝人の話を聞けよ！〟とボロクソに怒鳴《どな》られ」、「先輩のほうが言うことがコロコロ変わって指示が一貫していない」し、「ひたすら頭を下げるだけの古典的な営業が絶対だと思い込んでいるのもなんだかなあって感じ」で、「卑屈な感じが苦手」で先輩に「嫌気がさし」たからでした。

また、次の派遣会社を辞めたのは「しょっちゅう指示が変わるし、言われたとおりにさっと行動しないと頭から怒鳴られるし、電話の伝達ミスとかコピーミスとかでもボロクソに貶《けな》される」のに嫌気がさしたため。

さらに、次の派遣会社は「管理職が無能だからちっとも効果的に人間を回せ」ず、腰を痛めたためでした。

そんな熊谷さんの課題はこんなふうに見ることもできます。

「人の話を聞いていない」と指摘をされていたり、言われたとおりに行動できなかったり、電話の伝達ミスがあったりするのは、熊谷さん自身に、聞いたことを頭の中で理解し分析する力に課題があるからではないでしょうか。こういったミスは、注意力や集中力が弱くても起こってきますし、聞いたことを少しの間覚えておく力（作業記憶力）が弱くても十分起こる可能性があります。

正社員であるにもかかわらず、次の仕事が決まる前に辞めてしまうのは、思いついたら後先考えずに行動してしまう衝動性の高さを表しているのかもしれません。「先輩の指示が一貫していない」「上が無能だ」と考えるのは、自己正当化し責任転嫁しがちであるという考え方のクセかもしれません。

【ケース2】山下さんの場合
聞いたことを理解する力や注意力・集中力の弱さ
衝動性の高さやマイナス思考、「すべき思考」など

派遣社員として働く山下さんの場合は、「言われたとおりに動けない」「何を言われたかす

ぐに忘れてしまう」「電話でメモをとっている間に、よくわからなくなる」「〝モノの言い方が横柄《おうへい》〟と言われる」「細かい作業がへたくそ」「うっかりミスが多い」などで悩んでいました。最近は「感情を抑えることもでき」ず、思いついたらすぐに「企画書を出し」て上司に叱責《しっせき》されたりもしていました。

「言われたとおりに動けない」「何を言われたか忘れる」「メモをとっている間にわからなくなる」のは、熊谷さん同様、耳から入った情報を頭の中で処理するのが苦手だからかもしれませんし、聞いたことを少しの間、覚えておくのが苦手だからかもしれませんし、注意力や集中力が弱いからかもしれません。

言葉の使い方が苦手でも「言われたとおりに動けない」ということは起こるでしょうし「うっかりミス」もするでしょう。

「感情を抑えるのが苦手」だとか「思いついたらすぐに行動に移してしまう」のは衝動性の高さの表れと言えるかもしれません。

さらに、必要以上に自分のことを無価値だと卑下して考えるのはマイナス思考という考え方のクセかもしれません。「作業効率が上がれば当然利益向上にもつながるから〜すべき」と考えるのも「すべき思考」という考え方のクセかもしれません。

「どれも適性がない。偏差値の高い大学を出ていても、こんなにも私って使えないのかと落ち込む」「一年後の自分の姿も想像できないのに十年後のことなんか語れるはずがない」などの発言からも、自己効力感や自分への期待の低さなどがうかがえます。これらがリスク要因なのは前述したとおりです。

【ケース3】原田さんの場合
衝動性・攻撃性の強さ、自己肯定感の低さ
「オール・オア・ナッシング」思考、マイナス思考など

学校の斡旋《あっせん》で就職したIT企業を一年未満で辞め、現在はニートという原田さんが、視線を合わせず、「顔を背《そむ》けたまま、いきなり話し始める」のにも、なにか理由がありそうです。目で見た情報を頭の中で理解し分析するのが苦手だと、こういう行動をとる可能性が高いですし、注意力や集中力に問題があってもこういう行動をとる可能性はあります。人と話をするときは〝視線を合わせなくてもいい〟と誤って学習していても、こういう行動をとるかもしれません。

「毎回働く相手や指示系統が変わるのって、本当に嫌」「妥協はしないから貫くとKY」などといった点について原田さん本人は「好き嫌い」「正義を貫く」というような視点から語っていますが、これらは、耳から聞いた情報を少しの間記憶する力が弱かったり、同時に複数のことをするのが苦手だったりすると見られる状態でもあります。

「上司に〝やってらんねえ！〟とキレて、机と椅子を蹴《け》とばして会議室を出てきた」り「手に持っていたアイスコーヒーの入ったグラスをゴンとテーブルの上に置いた」のは、いずれも衝動性と攻撃性の表れだと言えそうです。

「一緒に働く人たちの機嫌がいつも悪くて怒鳴ってばかり」というのは、オール・オア・ナッシングで物事を捉《とら》えがちだということでしょうし、「時間が経《た》って世の中の景気がよくなったからといって就職できる保証もない」となんでもネガティブに捉えるのも、考え方のクセと言えそうです。

こういったことに加えて、「やりたい仕事もないし、そもそも自分に何ができるかもわからない」などの発言からは、社会適応するのに必要な自己効力感や自尊感情などの保護要因が弱いことが見てとれます。

【ケース4】佐藤さんの場合
注意力・集中力の弱さ
将来のビジョンのあいまいさなど

大学院を卒業し、有名食品会社を二年半で辞めてしまい、引きこもっていた佐藤さん。現在はインターンシップで働いていますが、なかなか仕事に定着できません。

佐藤さんの場合、「とにかく仕事に飽きる」「集中力が落ちる」と繰り返し発言しています。実際、彼には集中力だけでなく、注意力にも課題があることが「待ち合わせ場所に二十五分ほど遅れて登場」したり、「逆方向の電車に乗ってしまっ」たり、「いちばん肝心な試薬を間違えて用意」してしまって「実験を開始したらフラスコがバリンと破裂してしまった」というような側面から見てとれます。

ただ、「薬品を間違えたり、実験器具を壊したり」という傾向は、注意力・集中力だけの問題ではなく、目から入った情報や耳から入った情報を頭の中で処理するのが苦手だったり、一時的に情報を記憶するのが苦手だといったことが関係しているかもしれません。

一方、「ストレスがうまく処理できない」というのはリスク要因の一つですし、「こんな仕事をするために入社したわけではない」とか就労支援のＮＰＯが「僕らの能力を限定して考えている」と考える一方で、「こうやって働いていきたいとか、将来はリッチになりたいとか、偉くなりたいとかがない」という、将来のビジョンのあいまいさもリスク要因です。

2 「自己理解」から始めよう

いかがですか？

自分の経験をこういった視点から検討し分析することが、実は「自分を知る」第一歩で、本書で私が繰り返し言っている「自己理解」にあたります。

小中高校でも、大学でも、「自分のことを知る」とか「自己理解」と言えば、たいていは自分の気質や性格、興味、タイプや価値観、考え方、態度や行動から浮かび上がってくる側面のことを指します。ですから、自分を知るために、心理検査をやったり、好き嫌い、得手不得手、過去の経験などを書き出したり、自分のことを人に話したり、自分のことを人に聞いたりして、自分という存在を知る作業をやるのです。

間違えないように強調しておきますが、これはこれで大事な作業ですから、一切否定するものではありません。

ただ、ここで私が知ってほしいのはそういう心理学的な特性に加えて、むしろ脳神経から見た自分の特性なのです。

第二章の終わりのほうで「（こういう子たちに共通するのは）勉強も運動も苦手で、友達関係もヘタ、集中力もやる気もなく、好きなことも将来やりたいこともない」という教師の発言には100％賛同できないと言いました。

なぜそう言うかというと、これまで〝やる気がない〟という精神論で簡単にまとめられてきたような事柄の背後に、これから説明する脳神経の特性に由来するなにかが潜んでいるかもしれないからです。目で見たことをよく理解する力や一時的に物事を記憶する力など、器質的なものがつまづきの背景に潜んでいるのに気づいていないのかもしれません。

仕事に定着できない、社会人になれないという問題も同じように考えられると思うのです。

努力しても成果が上がらない
↓だから、失敗経験ばかり積み重ねてしまう
↓だから、ますます自己効力感が下がる
↓だから、どんどんやる気がなくなってしまう……

という悪循環になり、もうどうしたらいいかわからない、と言っている人も、もしかしたら自分の特性を知ることで突破口が開けるかもしれません。

社会に出てから不適応を起こさないために、「人とつながる力」という〝武器〟を準備しよう。そのためには、リスク要因を減らして保護要因を増やし、弾力をつけることが大事だと第三章で説明しました。この、自分の脳の、脳科学的な特性を知ることが、そのための効果的な早道だと私は考えています。

脳神経の特性にはどのようなものがあるのか

脳神経の特性は、いろいろあります。

【特性1】　学習するときのスタイル（傾向）は「視覚型」？　「聴覚型」？　「運動型」？

パソコンなど新しい電子機器を買ったとき、使う前にあなたはどうしますか？

1　しっかりマニュアルを読む

2　マニュアルは読まずに、詳しそうな人に使い方を聞く

3　読んだり聞いたりするより、まずは適当に使ってみる

これは「あなたの脳がなにかを学習するとき、いちばん効果的な方法は何か」について尋ねています。これを「学習するときのスタイル」と言います。

学習するときのスタイルとは、「勉強のやりかた」のことだけを指すわけではありません。脳が情報を取り込んだり分析したりするときに、どういった方法で行なえば最も効果的かということに着目しているのです。

ここで知ってほしいのは、自分に合ったスタイルを知ることで、自分自身の学習効果も変わってくるということ。スタイルを知れば勉強の方法も変わってきますから、当然、今までのやり方よりも費用対効果は確実に上がります。

先の問いで1と答えた人は目から情報を入れたほうがわかる「視覚型」、2と答えた人は耳から情報を入れたほうがわかる「聴覚型」、3と答えた人は体を動かしたほうがわかる「運動（身体感覚）型」と言えます。

視覚型の人は、情報は耳で聞くより目で見たり読んだりするほうがわかりやすいと思いま

す。つまりニュースはテレビやラジオで聞くより、新聞やネットで読んだほうがすっと理解できるはずです。だから、逆に、口頭で指示されるとわからなくなってしまうことがあるかもしれません。メモもそのまま言葉で書くより、イラストや図などを描くほうがわかる場合もあります。また、図や表は、いちいち説明を読まなくてもパッと見るだけで理解できてしまうかもしれません。行動に移すときも、どうすればいいか全体的な流れを視覚的に見せてもらったほうが理解しやすいでしょう。

聴覚型の人は、ニュースは新聞やネットで読むよりも、テレビやラジオで聞いたほうがすんなりわかると思います。紙などに書かれた指示よりも、口頭で言われたほうがわかりやすいでしょうし、本を読んで理解するよりも意見交換をしていくことでいろいろと理解できるタイプ。図やイラストを理解するためには説明があったほうがいいはずです。行動に移す前に、どうすればいいか話しあっておくと理解しやすく、すんなりと動けるでしょう。

運動型の人は、自分の体を使ったほうが情報が頭に入りやすく理解しやすいと思います。なにかをするときも傍《はた》で見ているより、参加したほうが早く理解できます。体を使った作業のほうが、長い間座ったまま集中して行なう作業よりも好きかもしれません。指示を先に聞いて全体像を把握したり、どうするか話し合っておくよりも、行動しながら理解していくほうがうまくいくことが多いかもしれません。

たいていの人は、視覚型か聴覚型か運動型のどれかが得意で、ほかの二つがそれを補って情報をインプットしていきます。つまり、視覚型だけど聴覚と運動で補うとか、運動型だけど視覚と聴覚で補うなどです。

ところが、中には、視覚型だけ、聴覚型だけ、運動型だけ、という人がいます。

たとえば視覚型だけという人が、九九を「ににんがし、にさんがろく」と言って耳から覚えようとしてもなかなかうまくいかないでしょう。この覚え方は、聴覚型のスタイルだからです。視覚型だけ、運動型だけ、という人の多くは、九九で苦労した経験があるのではないでしょうか。

あるいは、聴覚型だけという人は、漢字やアルファベットを覚えるときに苦労したかもしれません。漢字もアルファベットも学校での教え方の多くが「ひたすら書いて覚える」という指導方法だからです。これは視覚型のスタイルになるので、聴覚型だけが得意という人には向かないことになります。

大人になるにつれ、読んでも理解しづらい人は読まずに聞いたりやってみたりするでしょうし、聴いたほうが理解できるという人は読む前に人に教えてもらうという方法を選択するでしょう。

しかし、取材をしていると、社会参加するのが難しい若者たちの多くが〝自分はどうしたら理解しやすいかわかっていない〟ことがわかります。

保護要因を身につけ、リスク要因を少しでも下げるには、自分が学習するときのスタイルを踏まえることが大事です。なにかの力をつけようと思っても、効率の悪いやり方をやっていると、だんだん「やっても効果が上がらないから意味がない」と、自己効力感が下がってしまいます。また、自分が学習するときのスタイルを知っていれば、苦手な環境に置かれたとき、どう対処すればいいか解決方法を発見するときにも便利です。

【特性2】「聞いて理解する力」と「見て理解する力」はどうか

人は誰《だれ》でも、自分が聞いたり見えたりしているように相手も聞いているし見ていると思いがちです。

しかし、実際は親子や兄弟姉妹でも、聞こえ方や見え方には違いがあります。

まず、「聞く」について考えてみましょう。これにはいくつかの段階があります。

第一段階は、音に気づく、というレベル。

これは、耳という感覚器が機能しているかどうかということで、ここには「音がするかどうか気づく」ということと、「音の違いがわかる」という二つが含まれます。虫の音を聞き分けることなどが、これに当てはまります。

第二段階は、音の聞き取りや聞き分け、といったレベルがあります。

たとえば「こい」「ごい」「おい」など音が似ている言葉を間違えずに聞き分けられるかということ。「きって」と「きて」の違い、「ちゃこ」「ちょこ」、「ぼうし」「ぼし」の違いがわかることなども、これに当てはまります。音の聞き分けが苦手でも、たいていの人は会話の文脈の中で理解していくのですが、新しい言葉や聞きなれない言葉だったりすると、聞き分けが難しくなります。

第三段階が、いろいろな音の中から自分の「聞きたい音」「聞くべき音」を選択するというレベルです。

もともと音への気づきや聞き取り・聞き分けが苦手だと、周囲にほかの音があるとそれも一緒に拾ってしまったり、あるいは関係ない周囲の音ばかり拾ってしまうということも起こります。

さらに第四段階として、意味レベルで言葉を聞き分けられる、といったことにも注意しなければなりません。

「音として耳には入ってきているのに何を言っているか鮮明ではない」という場合がこれに当たります。こういう人は、聴覚の課題というよりも、語彙力《ごいりょく》や知識、文法、言葉の使い方などといった言語理解そのものの問題になってきます。

第一段階に問題があれば健康診断などでわかるのですが、第二段階以降はそもそもそういう問題が起こりうるということを知らない人がほとんどなので、まず気づきません。

音を選択的に聞くことが苦手だったり、ある種の音をうまく聞き取れないなど、聞く力に課題があると、たとえば飲食店など静かではない環境で働くときに、相手の言っていることがうまく聞き取れず失敗してしまう可能性があります。レストランでホール係をやっていて、お客さんの注文を取り違える、キッチンから「イチ番テーブル！」と言われて「ハチ番テーブル」に持っていったりといったミスをしてしまう背景に、こういった「うまく聞こえていない」という可能性も考えられるのです。

口頭で言われた指示を聞き間違えて誤った行動をとったり、会話をしている中で相手の言葉を聞き間違えてトラブルになったりする人たちがいますが、たいていの場合、自分が聞き間違えやすいこと、そのときにはどう対処したらいいかということまでは知りません。

次に「見る」について考えてみましょう。

まず、眼球運動機能はどうでしょうか。

眼球運動には、行を追ったり、対象物を捉えたりする目の動きと、ゆっくりモノを追うような動きの二種類あります。字を覚えるためには前者が、本を読むためには後者ができる必要があります。

それから、両眼視機能はどうでしょうか。

これは、両方の目でピントを合わせる眼の機能です。これが正常でないと、文字や形がうまく捉えられなかったり、文字を覚えるのが苦手になったりします。

こういったことに問題があると、一生懸命、教科書の文字を見ているのに、字が二重に見えたり、二行が一行に重なって見えたり、一つひとつの文字が揺れて見えたり、立体に見えたり、裏返って見えたりすることもあります。

目の病気でこのように見える人もいますが、視力検査ではそれぞれ１・０なのに、両方の目で文字を見ようとするとうまく見えないという人もいます。そういう人の中には、練習すればちゃんと見えるようになるという人もいます。

眼球運動や両眼視の機能に問題があると、運動選手はもとより建築家や職人など、職業によっては不利になりますが、多くの人がまだまだ「自分がうまく見えていない」ということに気がついていません。そのため、なぜ運動も仕事もうまくいかないかわからないことがよくあります。

それから人間には、見るという機能だけでなく、目から入ってきた情報を脳の中で認識したり、分析したりして、見たモノを見たとおりに理解するという力もあります。そして、これが苦手という人もいます。こういう人は、複雑な図形の中から一つの図形を見つけ出すことが苦手です。こういった力が弱いと、見間違いや誤解が多かったり、細かい図柄を見たりパソコンを見ると目が疲れたり、なにかを読むのにすぐにイライラしたりします。

【特性3】 粗大運動や微細運動、協応動作はどうか

粗大運動とは、体の胴体と四肢の大きな筋肉の協応のことで、体の平衡を保ったり、バランスをとったり、移動したりなどといった全身運動です。体を伸ばす、ねじる、頭を持ち上

げる、寝返りを打つ、ハイハイする、歩く、片足で立てる、片足で跳べる、スキップするといった動きを指します。

微細運動とは、腕と手を使った細かな運動のことで、モノを握る、意図的に腕を伸ばす、指先でモノをつまむ、空間にぴたりと合わせる、小さいスペースにモノを入れる、親指とひとさし指でモノをつまむなどといった動きを言います。

社会適応しづらい人たちの中には、こういった動きが苦手な人がいます。体の筋肉をうまく使えていないため、歩くときも横柄な感じで歩いていたり、猫背になっていたり、両手と両足が一緒に出たりします。椅子に座っていても、だらんと両足を投げ出したり両肘《ひじ》をついて顎《あご》を乗せて体を支えてしまったりします。そのため、肉体労働が苦手なのはもちろんですが、座っていてもすぐに疲れてしまい、注意力や集中力が下がり、仕事の能率が落ちるのです。仕事の能率が落ちれば、職場での評価も下がり……と悪循環に陥りやすくなります。

協応動作というのは、粗大運動と微細運動を組み合わせたり、目で見たように体や指先を使ったりすることを言います。箸《はし》を使う、自転車に乗る、はさみを使う、字を書く、靴の紐《ひも》を結ぶ、声の大きさを調節するなどというのも協応動作になります。

これらが苦手だと、社会に出てから意外なところで、意外な失敗を重ねがちです。長時間同じ姿勢で働くこと（＝デスクワークや工場、運転手、職人など同じ姿勢を要求される仕事）や体を動かす仕事（＝農業や漁業、林業、あるいは消防や建築、清掃など）などがうまくできないか、できたとしても短時間しかできず、長くやろうとすると失敗が増えがちです。また、不器用なためメモがさっととれない、お茶をいれるとこぼしてしまう、書類をまとめるときに落としてしまうなどちょっとしたミスが続くことになります。

ミスの連発は、周囲からの低評価を招きやすくなります。「なぜ、そんな単純なことができないのか？」と疑問を持たれ、「効率よくできないのは雑だから・やる気がないから」と精神論的な解釈をされて評価が下がるわけです。すると自己効力感も下がり、リスク要因が上がります。

これまで取材した若者たちの中には、そういった失敗を重ね続け、徐々に職場での居場所がなくなってしまったという人がほんとうにたくさんいました。

問題は本人たちが、自分は粗大運動や微細運動、協応動作が苦手だということを知らないので、訓練などせず、「鈍くさいのは生まれつきだからしょうがない」とあきらめてしまっていることです。後で説明しますが、こういった考え方のクセも社会適応するのを妨げるもの一つです。

【特性4】 視空間認知の力はどうか

視空間認知の力とは、視覚的な情報をもとにして、自分と相手やモノ、モノとモノなどの距離感や位置を把握し認知する力のことで、方向や上下左右、東西南北、縦横高さ、幅奥行などといった空間を理解する力のことです。

視空間認知が苦手だと、左右をよく間違える、地図がうまく読めない、何度も通っている道でもつい迷ってしまう、絵やイラストが立体的に書けない、決まったスペースの中にバランスよく字などを書くことができない、「前へ倣《なら》え」をすると前の人の背中を衝《つ》いてしまう、電信柱やドアなどによくぶつかってしまう、車を運転していて両サイドをぶつけたり車庫入れが難しかったりします。

英語は理解できるし話せるのにアルファベットが覚えられなかったり、運転が好きでドライバーになっても、しょっちゅう車をぶつけたり道に迷ったりして、結局は仕事として続けられない、などということもあります。

【特性5】 作業記憶（ワーキングメモリ）はどうか？

読んで理解する、計算する、文脈に即して会話をする、作業に集中する、料理をする、家事をいくつも同時にこなす、電話しながらメールを読む、衝動性に対して瞬間的に自分を抑制するなど、実際の勉強や仕事など日常生活の場面で不可欠なのが、少しの間、記憶を保持する力（作業記憶）です。

作業記憶の力は、学校の成績と強い相関関係があることがわかっていて、この記憶の量が多いほど学ぶ力が向上し、学校の成績も上がります。仕事の場面でも同じことが言えます。

この記憶には聴覚的なモノと視覚的なモノがあります。

聴覚的な作業記憶は、聞いた言葉を頭の中で音声化して繰りかえすことで記憶されます。思い出すときも頭の中でレコーダーが再生するように音として記憶が蘇《よみがえ》ってくるパターンです。

これが苦手だと、たとえば口頭で指示されても、指示通りに動けません。電話での伝言を覚えることも苦手でしょうし、口頭での約束も忘れてしまいがちです。

視覚的な作業記憶は、覚えたいモノやことがらをシャッターを押して写真を撮るように、あるいは見たままを絵にして、記憶されます。思い出すときも、その写真や絵がそのまま再現されます。

これが苦手だと、「仕事は見て覚えるものだ」と言われてできなかったり、請求書を起こすときに金額を写し間違えたりとあらゆる場面で失敗しがちです。

【特性6】 情報は同時に処理するタイプ？ 一つずつじっくり処理するタイプ？

脳が情報を処理するときの方法には、大きく分けて二つあることが知られています。

一つは、二つ以上のことがらを同時に処理する「同時処理」という方法。

同時処理を行なうときは、全体を俯瞰《ふかん》し、複数の情報の関連性を見ながら処理していきます。同時にいくつものアイデアが頭の中に存在していて、それらを瞬間的に関連づけたり分析したりして解決するような処理方法です。

同時処理が得意な人は、最初に全体像やイメージをしっかりと伝えられたほうが理解しやすいでしょう。言葉で一つひとつ説明するよりも、図やイラストなど視覚的な情報を出してもらうほうがわかります。同時処理は、どちらかというと、右脳が得意とする処理方法だと言われています。

もう一つは、情報を一つずつ受け取り、時間的な順序に沿って処理する「継次処理」という方法です。

継次処理が得意な人は、段階的に情報をもらったり、部分から全体を見るような指示を出されたり、順序や時間の流れを踏まえたやり方のほうが理解しやすいでしょう。これはどちらかといえば左脳が得意とする処理方法だと言われています。

人間はたいていどちらの力も使いますが、中には「片方が得意で、もう一方はほとんど使えない」という傾向のある人がいます。

同時処理が得意な人が、一つのことをじっくりとやらなければならないような職種につくと、どうしてもストレスがたまったり、ミスが増えたりします。また、継次処理が得意な人が、同時にいくつものことを処理しなければならないような職種につくと、これもまたストレスがたまったり、ミスが増えたりします。

【特性7】 注意力や集中力はどうか?

注意力や集中力の問題はこの章の第1項でも多く指摘しました。

注意力とは、刺激や情報に対して、選択的に意識を集中させる力です。

一方、集中力とは意識を自分の内側や外側など一方向に向ける力です。

注意力や集中力に問題があると、落ち着きがなく、浮ついた調子で気が散りやすく、静かに本を読んだり、じっと座ったり、じっくりなにかに取り組んだりすることが苦手になります。物忘れが多いとか整理整頓《せいとん》ができない、約束事を忘れる、思い込みが多い、メールを送るときに宛先を間違えて全然違う人に送る、などのミスをしがちです。当然、仕事をしていくうえでも、失敗の連続になります。

【特性8】 衝動性や攻撃性はどうか?

衝動性とは「何らかの行動を、後先考えずに目の前の欲求を満たすために行なってしまう」ことを言います。攻撃性とは「相手に対して身体的・精神的な危害を加えようと意図して行なわれる行動」のことを言います。攻撃する意図の有無が問題なので、未遂でも攻撃性の強さに変わりはありません。衝動性も攻撃性も「リスク要因」の一つです。

衝動性が強いと、たとえそれが自分にとって不利になるような事柄でも、思いついたらすぐに言動に移してしまいます。車の往来が激しい通りでも、その先になにか気になるモノがあったらもう体が動いて飛び出している、というような状態です。ですので、たとえばお金をためて管理することができなかったり、大事な情報を不用意に他人に話したり、すぐにイライラしたり、かんしゃくを起こしたり、見ず知らずの人になれなれしくしたり、場にそぐわない行動をしたりなどといったことが見られます。

攻撃性と聞くと、どうしても殴ったり蹴ったりというイメージがあるかもしれません。ですが、悪口を言ったり、嫌がらせをしたりなど、相手を精神的に追い詰める行動も攻撃性の表れです。

誰でも多かれ少なかれ衝動性や攻撃性はありますが、問題はその程度と、自覚しているかどうか、です。自覚があれば、注意力や集中力と同様、自分でコントロール（管理）することが可能になります。

【特性9】　言葉を理解する力はどうか？

日本人なんだから、誰でも日本語はわかるはずと考える人は少なくありません。しかし、実際には日本語ほど使い方の難しい言語もないのです。

特に気をつけてほしいのは、「言葉の持つ意味をどこまで理解しているか」という点と「背景や状況、文脈の中で言葉を理解しているか」という点です。文脈の理解、声の調子やイントネーション、表情で変わる意味、冗談や嘘《うそ》、皮肉などがこれに当たります。「ＫＹ」

と言われる人たちは、こういった点が苦手であることがよくあります。

これらが苦手だと、相手が言った言葉を誤って理解するなどしてしまい、対人関係でトラブルが起こりやすくなってしまいます。

もし、自分はここで躓《つまず》いているかも、と思ったら、日常生活の場面で言葉の意味や使われ方について信頼できる人に「今の〜は××という意味か」としょっちゅう確認しましょう。

このとき大事なことは「今の〜ってどういう意味？」と聞かないこと。あなた自身の考えを言語化したうえで聞かないと、相手が言ったことを受け止めて、自分の元の考えと比較して修正できません。

考え方のクセ（偏り）にはどのようなものがあるのか

自己理解のもう一つの大事なポイントは、「考え方にクセ（偏り）」があるかどうかです。

考え方に偏りがあると、現実に起こったことを正しく理解できず、誤って学習したり誤った行動をとったりしがちです。そのため、周りの人間といろいろな場面でトラブルを起こし、結果、うまく社会に適応できないということにつながりやすいのです。

心理学者のデビッド・D・バーンズは、考え方のクセ（偏り）には10のパターンがあるとしています。

①オール・オア・ナッシング（全か無か）思考

たいていのことがらは「白か黒か」になど決められず、その中間にあるのですが、物事を見るときに「白か黒」の二者択一で見てしまうことを「オール・オア・ナッシング思考」と言います。

このようなクセがあると、日常生活の些細《ささい》な失敗で「もう全部ダメだ」と考えたり、ちょっとできただけで「オレは天才だ」と思ったりしがちです。傾向としては「いつも〜だ」とか「絶対に〜ではない」「完全に〜じゃなきゃダメだ」などといった両極端な見方をします。

②一般化のしすぎ

一つ二つのよくないできごとで「いつも失敗する」「うまくいったことなんか全然ない」「クラス（職場）中から嫌われている」などと思い込んでしまう傾向のことを、「一般化のしすぎ」と言います。

こういうクセがあると、いやなことは延々と続いているように感じるので、何をやるにも後ろ向きになり、ウツ状態になりがちです。

③選択的抽出化

一つのネガティブな要素にこだわってくよくよしてしまい、ほかのことはすべて無視してしまうのを「選択的抽出化」と言います。あることをやっていて、たいていの人は褒《ほ》めてくれたのにたった一人が反対意見を言っただけで、その意見にとらわれてしまい悩んだり苦しんだりしがちです。

こういう考え方が強いと、やはり社会に適応していくうえでマイナスになります。

④マイナス化思考

これは物事を悪いほうに推測して考えるということではなく、いいことでも、なんでもないような普通のことでも、悪いふうに捉えて解釈してしまう思考のことです。たとえば、テストでいい点がとれても「こんなの偶然だ」と思って自分を評価できず、点が悪いと「やはり自分はダメなんだ」と自分を低く思ってしまうようなことを言います。

こういったクセが強いと、成功を成功と認めることができなかったり、よい経験や出来事も悪いモノとして捉えてしまいがちです。

⑤結論の飛躍

根拠もないのに悲観的な結論を出してしまうことです。これには心の読み過ぎと先読みの誤りの二つがあります。

心の読み過ぎは、相手の言動を自分に対して否定的なものだと早合点してしまうことで、先読みの誤りは今の状態が確実に悪化すると決めつけるようなクセのことです。

先輩にある報告をしたとき、思っていたようなレスポンスが返ってこなかったら「先輩に嫌われている」と思い込んでしまうのが心の読み過ぎです。これに対し、「私には一生彼氏はできない」「絶対に就職はうまくいかない」「もう病気は治らない」などと思うのが先読みの誤りです。

⑥拡大解釈と過小評価

これは、自分の短所や失敗を必要以上に大きく捉え、自分の長所や成果についてはたいしたことがないと低く捉える考え方のことです。がんばって大学に入ったのに、こんなの誰でもできることでたいしたことではない、とか、小さなミスをしたらそれで全部がダメになってしまったと捉えてしまい、成果を評価しない、などはこれにあたります。

⑦感情的決めつけ

自分の感情を根拠にして、出来事や事実を決めつけてしまうことです。

「ダメなものはダメ、嫌なものは嫌」とか「あいつはホントにウザい。私がそう思うのは、あいつがダメ人間だからだ」というような考え方がまさにこれにあてはまります。怒りや不安が募っているときに、こういう考え方に陥りやすい人は少なくないようです。

⑧すべき思考

これは文字通り「〜すべき」とか「〜でなくてはならない」、「〜すべきではない」とする考え方を言います。

こういうクセのある人は「常識だと〜でしょう」とか「普通なら〜すべきだ」というような表現を使いがち。自分の考えや価値観に合わない人に対して、このすべき思考で対応すると対立が生まれやすくなるのは言うまでもありません。

⑨レッテル貼り

「一般化のしすぎ」や「選択的抽出」がさらに極端になり、ちょっとした失敗でも、自分に「ダメ人間」「モテないヤツ」「バカ」などとネガティブなレッテルを貼って自分のことを決めつけてしまうことです。

自分で自分を追いこんでいき、ますます辛《つら》くなっていきがちで、そうすると、冷静な判断ができなくなり思考が停止してしまうこともあります。

⑩自己中心的思考

なにかネガティブなことがあると、それが自分に関係ないことがらであっても、「いけないのは自分だ」となんでもかんでも自分のせいにしてしまう考え方のことです。チームで仕事をやっていて社員同士が仕事とは関係のないことが原因で仲たがいをしているのに「自分のせいだ」と考えてしまうようなクセがこれにあたります。

なぜ、こうやって犯罪学や公衆衛生学で言うリスク要因や保護要因、脳科学が指摘する脳神経のパターン、心理学者が指摘する考え方のクセについて説明したか。

もうみなさんにはおわかりでしょう。

いくら職業選択のための指導を丁寧に行なっても、なかなか社会に適応できない人たちがいるのは、こういった視点からの具体的な指導が、今の小学校にも中学校にも高校・大学にも、そして家庭でも、ほとんど行なわれていないからです。だからこそ、意識的にこういった視点を持って、自分で自分を育てることが必要になってきます。

こうした考え方を身につけて、仕事に定着し自立した社会人になるための〝武器〟、「人とつながる力」を手に入れてください。

参考文献
Levine, M. D (1993), *All Kinds of Minds*, Educators Publishing Service
——— (2002), *A Mind at a Time*, Simon & Schuster, Inc.
Burns, David D (1999), *Feeling Good ——The New Mood Theory*, Harper Collins

終章　明日を変えるために

そんなの絶対に無理！

本書を最後まで読んでくれた人たちの中には、今、そんなふうに考えている人もいるかもしれません。

最後に一つ、成功事例をご紹介しましょう。

清水祐樹さん（三十八歳・仮名）も、実は、なかなか仕事に定着できず、社会に適応するのが難しい人でした。

進学校から国立大学に進学するのですが、二年めで不登校になりました。それがきっかけで引きこもりになり、大学も中退しました。それでも、なんとかしなければと思い、あらゆるアルバイトをやってみましたが長くは続きませんでした。

彼が、私がアドバイザーを務めるある民間団体に来たのは、ちょうど五年前のことです。

それまでの自分の経験を話し、「なぜ、こうもうまくいかないのかわからない」「やりがいのある仕事がしたいのに、それが見つからない」と悩んでいました。

この団体では、中間労働市場といって仕事に就く前段階でトレーニングをしようという試みを長年行なっており、成果を上げていました。私はそこで、本書で紹介したような内容のセミナーを、下は中高生から上は四十代の成人まで対象に開催していました。清水さんも、この団体で自己理解を深め、セルフ・モニタリング力やセルフ・コントロール力をつけるなどして保護要因を強化していった一人でした。

清水さんは言います。

「ここで働きながら、まず気がついたことは、自分の気持ちを言葉に置き換えるようになったことです。そうしてみて初めて、自分の考えていることや思っていることを素直に言葉にするということをあまりしてこなかったことを知りました。これをしていないから、自分が考えていること自体が、自分でよくわかっていなかったんです。

それから、自分は同時にいくつも考えながらパッパと処理するよりも、一つずつ考えて処理していくほうが向いていることもわかりました。だから、仕事をしているときに『あれもして、これもして』と言われると頭が情報を処理できなくなって失敗が続き、結果的に段取りが悪いと言われていたのだと気づきました。

また、聞いて理解するよりは見て読んで理解するほうがわかるタイプかも、と思っています。もしかしたら、部活動やサークルなどで人とうまくやれなかった理由の一つかもしれないと今では考えています。

いったん『○○だ』と無意識のうちにでも決めてしまうと、そこから抜け出せない自分にも気がつきました。だから、仕事はやりがいのあることをやるものだ、とどこかで言われたことがずっと頭にこびりついていたんです。実際はそういうわけでもないのだということを理解し、受けいれるまでに時間がかかりました」

そういった特性以外の点でも、清水さんは気がついたところがあると言います。

「リスク要因・保護要因という話を聞きましたが、これも『なるほど』と納得するところが多々ありました。

たとえば、基礎学力不足。大学に行けなくなり引きこもるようになったきっかけは、大学の授業についていけないという基礎学力不足もあったのではないかと思っています。友達から拒絶されたり、学校内で孤立したりというのも、どんどん自分を追い詰めていく要素でもありました。

一方、保護要因という方向から見てみると、うまく社会適応できていないころの自分には『やれば結果は変わる』というような思いはなかったし、自分への期待もないし、将来にも楽観的ではないし、前向きでもありませんでした。打たれ強くもないし、ストレスにも弱かったです。

ところが、ここに行き始めてからは、紆余曲折《うよきょくせつ》はありましたけれど、いつも誰《だれ》かにサポートをしてもらっているという実感が徐々に得られてきました。僕がニートのときに『こんな仕事があるけれどどうか』と声をかけてもらったり……。

それまで、素直に意見など言ったことのない自分が、なにかを言ったら聞いてもらえると思える環境も大きかったです。そういうことが少しずつ積み重なったおかげで、働き続けることができました。そうしたら、やればできるかもしれないという思いが少しずつ芽生えてきて……。仕事をしている中では失敗もしますが、自分の特性がわかれば、これまた少しずつですけれど対応できるようにもなる。

こうやって考えていくと、やはり、僕が社会適応できるようになっていくのと保護要因が一つずつ増えていったのは、シンクロしていますよね」

セミナーを開始して六年、その前の講演だけの時期を入れたら七年の間に、社会にうまく適応できない人たちが数百名受講し、前述の民間団体やNPO、小売業等で働いて巣立っていきました。当初「なぜ自分がうまくいかないのか」わからず、苦しみ抜いていた多くの人たちが就職先を見つけ、社会人として頑張って生きています。

なぜ、一生懸命勉強しているのに成果がでないのか。
なぜ、部活やクラスのみんなと上手に関われないのか。
なぜ、自分は対人関係が苦手なのか。
なぜ、よく物忘れするのか。
なぜ、球技が下手なのか、よくモノにぶつかってけがをするのか。
なぜ、キレたくないのにキレてしまうのか。
なぜ、面接に落ちてばかりなのか。
なぜ、いいつもりでやっているのに相手には疎《うと》まれるのか。
なぜ、鈍くさいのか……。

どうですか?
言い出したらきりがありませんが、たいていのことには理由となる背景(=脳神経的な特性や、リスク要因、考え方のクセなど）があるのです。

その背景を踏まえず、〝ひたすら頑張るだけ〟を続けても、思うような成果が上がらず、ますます自分への期待などしなくなっていきリスク要因は上がります。将来、自立して社会人になろうとするときに不適応を起こす可能性を減らすことにもなりません。

社会人になれれば、義務も責任も出てくるし、嫌なこともたくさんあります。

できれば、自立などせず、誰かに守ってもらいながら生きる道を選びたいと思う人もいるかもしれません。そういった考えを頭ごなしに否定する気は毛頭《もうとう》ありません。

ただ私は、「自立することは自由に生きること」だと知ってほしいのです。

自由に生きるということには義務も責任も伴いますが、衣食住も友達も仕事もすべて自分が選べるということ。この歓びをぜひ味わってほしいのです。

今がしんどすぎてもう生きていたくないと思っている人、明日なんか見えないからどうだっていいやと思っている人、自分のことを変えたいけれど変えられるはずがないと思っている人……。あなたがどんな思いを抱えていても、そこは出発点に過ぎません。

どれだけ辛《つら》い思いでも状況でも、出口は必ずあります。その出口を見つけるヒントが、自分の特性を知り、リスク要因や考え方のクセを知って自分をコントロールし、保護要因を積み重ねていくことにあります。社会では競争や闘争があるのは当たり前のことです。そのことを理解したうえで、「人とつながる力」を養い、社会の中に居場所を見つけてください。変えられない過去は胸にしまい、明日を変えていけばいいのです。

自分だけは、自分の人生を諦《あきら》めない。

「働きたい」のに「働くがわからない」若者たちを取材しながら、私は日々、その思いを強くしています。

もっと知りたい方は、以下の本を読んでみてください

『心からのごめんなさいへ――一人ひとりの個性に合わせた教育を導入した少年院の挑戦』（中央法規出版、二〇〇五年）

ちくまプリマー新書

ちくまプリマー新書

099
なぜ「大学は出ておきなさい」と言われるのか
――キャリアにつながる学び方
浦坂純子
将来のキャリアを意識した受験勉強の仕方、大学の選び方、学び方とは？　就活を有利にするのは留学でも資格でもない！　データから読み解く「大学で何を学ぶか」。

105
あなたの勉強法はどこがいけないのか？
西林克彦
勉強ができない理由を、「能力」のせいにしていませんか？「できる」人の「知識のしくみ」が自分のものになる方法を、認知心理学から、やさしくアドバイスします。

134
教育幻想
――クールティーチャー宣言
菅野仁
学校は「立派な人」ではなく「社会に適応できる人」を育てる場。理想も現実もこと教育となると極端に考えがち。問題を「分けて」考え、「よりマシな」道筋を探る。

143
国際貢献のウソ
伊勢﨑賢治
国際NGO・国連・政府を30年渡り歩いて痛感した「国際貢献」の美名のもとのウソやデタラメとは。思い込みを解いて現実を知り、国際情勢を判断する力をつけよう。

074
ほんとはこわい「やさしさ社会」
森真一
「やさしさ」「楽しさ」が善いとされ、人間関係のルールである現代社会。それがもたらす「しんどさ」「こわさ」をなくし、もっと気楽に生きるための智恵を探る。

ちくまプリマー新書

102
独学という道もある
柳川範之
高校へは行かずに独学で大学へ進む道もある。通信大学から学者になる方法もある。著者自身の体験をもとに、自分のペースで学び、生きていくための勇気をくれる書。

126
就活のまえに
――良い仕事、良い職場とは?
中沢孝夫
世の中には無数の仕事と職場がある。その中から、何を選ぶのか。就職情報誌や企業のホームページに惑わされず、働くことの意味を考える、就活一歩前の道案内。

179
宇宙就職案内
林公代
生活圏は上空三六〇〇〇キロまで広がった。宇宙が職場なのは宇宙飛行士や天文学者ばかりじゃない! 可能性無限大の、仕事場・ビジネスの場としての宇宙を紹介。

184
イスラームから世界を見る
内藤正典
誤解や偏見とともに語られがちなイスラーム。その本当の姿をイスラーム世界の内側から解き明かす。イスラームの「いま」を知り、「これから」を考えるための一冊。

185
地域を豊かにする働き方
――被災地復興から見えてきたこと
関満博
大量生産・大量消費・大量廃棄で疲弊した地域社会に、私たちは新しいモデルを作り出せるのか。地域産業の発展に身を捧げ、被災地の現場を渡り歩いた著者が語る。

ちくまプリマー新書

186 コミュニケーションを学ぶ　高田明典
コミュニケーションは学んで至る「技術」である。状況や目的、相手を考慮した各種テクニックを解説し、スキルを身につけ精神を理解するための実践的入門書。

187 はじまりの数学　野﨑昭弘
なぜ数学を学ばなければいけないのか。その経緯を人類史から問い直し、現代数学の三つの武器を明らかにして、その使い方をやさしく楽しく伝授する。壮大な入門書。

188 女子のキャリア ――〈男社会〉のしくみ、教えます　海老原嗣生
女性が働きやすい会社かどう見極める？　長く働き続けるためにどう立ち回ればいい？　知って欲しい企業の現実と、今後の見通しを「雇用のカリスマ」が伝授する。

189 ぼくらの中の発達障害　青木省三
自閉症、アスペルガー症候群……発達障害とはどんなもの？　原因や特徴、対処法などを理解すれば、障害を持つ人も持たない人も多様に生きられる世界が開けてくる。

190 虹の西洋美術史　岡田温司
出現の不思議さや美しい姿から、古代より思想・科学・芸術・文学のテーマとなってきた虹。西洋美術でその虹がどのように捉えられ描かれてきたのかを読み解く。

ちくまプリマー新書

191 ことばの発達の謎を解く　今井むつみ
単語も文法も知らない赤ちゃんが、なぜ母語を使いこなせるようになるのか。発達心理学、認知科学の視点から、思考の道具であることばを獲得するプロセスを描く。

192 ソーシャルワーカーという仕事　宮本節子
ソーシャルワーカーってなにをしているの？　70年代から第一線で活躍してきたパイオニアが、自らの経験を迫力いっぱいで語り「人を助ける仕事」の醍醐味を伝授。

193 はじめての植物学　大場秀章
身の回りにある植物の基本構造と営みを観察してみよう。大地に根を張って暮さねばならないことゆえの、巧みな植物の改造を知り、植物とは何かを考える。

194 ネイティブに伝わる「シンプル英作文」　デイビッド・セイン　森田修
学校で習った英作文を、ネイティブとコミュニケーションする時どう活かすか。文法、語法の勘所を押さえつつ、相手に伝えるための「シンプル英作文」のコツを伝授！

195 宇宙はこう考えられている——ビッグバンからヒッグス粒子まで　青野由利
ヒッグス粒子の発見が何をもたらすかを皮切りに、宇宙論、天文学、素粒子物理学が私たちの知らない宇宙の真理にどのようにせまってきているかを分り易く解説する。

chikuma primer shinsho

ちくまプリマー新書196
「働《はたら》く」ために必要《ひつよう》なこと　就労不安定《しゅうろうふあんてい》にならないために

二〇一三年五月十日　初版第一刷発行
二〇一七年一月十日　初版第四刷発行

著者　品川裕香（しながわ・ゆか）
装幀　クラフト・エヴィング商會
発行者　山野浩一
発行所　株式会社筑摩書房
東京都台東区蔵前二-五-三　〒一一一-八七五五
振替〇〇一六〇-八-四一二三
印刷・製本　株式会社精興社

ISBN978-4-480-68898-9　C0236　Printed in Japan

乱丁・落丁本の場合は、左記宛にご送付下さい。
送料小社負担でお取り替えいたします。
ご注文・お問い合わせも左記へお願いします。
〒三三一-八五〇七　さいたま市北区櫛引町二-六〇四
筑摩書房サービスセンター　電話〇四八-六五一-〇〇五三